GUOWAI GONGLU TOUZI YUSUAN
GUANLI ZHIDU YANJIU

国外公路投资预算管理制度研究

杨建平　萧　赓　主编

人民交通出版社股份有限公司
China Communications Press Co.,Ltd.

内 容 提 要

本书汇总了发达国家美国和日本公路投资预算管理制度的相关情况，包括：美国财政预算管理制度、美国联邦公路投资预算管理制度、美国联邦公路项目预算授权情况、日本财政预算管理制度、日本公路投资预算管理制度等内容。

本书可供地方各级人民政府、各级交通运输主管部门、公路管理机构以及从业者和相关科研教学单位、社会各界人士学习和使用。

图书在版编目(CIP)数据

国外公路投资预算管理制度研究 / 杨建平，萧赓主编. — 北京：人民交通出版社股份有限公司，2015.10
ISBN 978-7-114-12492-1

Ⅰ. ①国… Ⅱ. ①杨… ②萧… Ⅲ. ①道路工程－预算定额—财政管理体制—研究—世界 Ⅳ. ①U415.13

中国版本图书馆 CIP 数据核字(2015)第 220629 号

书　　名：国外公路投资预算管理制度研究
著 作 者：杨建平　萧　赓
责任编辑：韩亚楠　陈　鹏　崔　建
出版发行：人民交通出版社股份有限公司
地　　址：(100011)北京市朝阳区安定门外外馆斜街 3 号
网　　址：http://www.ccpress.com.cn
销售电话：(010)59757973
总 经 销：人民交通出版社股份有限公司发行部
经　　销：各地新华书店
印　　刷：北京市密东印刷有限公司
开　　本：720×960　1/16
印　　张：6.5
字　　数：91 千
版　　次：2015 年 10 月　第 1 版
印　　次：2015 年 10 月　第 1 次印刷
书　　号：ISBN 978-7-114-12492-1
定　　价：36.00 元

国外公路投资预算管理制度研究

编 委 会

主　　编：杨建平　萧　赓

编写人员：韩红云　王利彬　邹光华　蒋桂芹

田春林　翁燕珍　闫　磊　孙志超

杨新征　安　平　姚春宇

前　　言

党的十八届三中全会确立了全面深化改革的总目标，并对改进预算管理制度提出了明确要求。2014年9月26日，国务院印发了《关于深化预算管理制度改革的决定》(国发〔2014〕45号)，对进一步深化预算管理制度改革进行了具体部署。2015年1月1日，新修订的《中华人民共和国预算法》已经开始正式实施，目前《中华人民共和国预算法实施条例》的修订稿也已进入征求意见阶段。国家预算管理制度改革要求交通运输行业管理部门转变理念、加快转型、主动适应。

以美国、日本为代表的发达国家在预算编制、预算审批、预算执行等方面建立了一系列完善的制度体系，非常值得我们学习。借鉴国外公路投资预算管理制度，有助于我国交通运输行业加强对国外公路预算投资管理制度的了解，运用其中科学的理念和方法提升我国交通运输行业的预算管理水平。在国家财税体制改革的大形势下，借鉴国外公路投资预算管理制度中的可取之处，建立我国交通运输行业新型的投资预算管理制度日显紧迫。

《国外公路投资预算管理制度研究》一书，系根据国家预算管理制度改革的形势需要，在继承以往相关研究成果并考察最新发展变化的基础上，经综合分析研究编纂而成，希望能为交通运输行业工作者研究深化预算管理制度改革和建立科学的投资预算管理制度提供有益的借鉴和参考。

本书第一章由萧赓、王利彬、翁燕珍执笔；第二章由杨建平执笔；

第三章由韩红云、邹光华、蒋桂芹执笔;第四章由田春林、闫磊、孙志超执笔;第五章由杨新征、安平、姚春宇等执笔。全书由杨建平、萧赓统稿审核。

本书是交通运输部科学研究院开展国外交通跟踪研究的系列成果之一。长期以来,交通运输部科学研究院开展国外交通跟踪研究,得到了交通运输部相关司局的指导和支持,得到了交通运输行业专家学者和广大同仁的理解与鼓励,在此表示衷心的感谢!

由于涉及国家较多,编写时间短促,纰漏之处在所难免,诚望各界专家、各位领导和广大读者批评指正。

编委会

2015 年 7 月

目　　录

第一章　美国财政预算管理制度 …… 1
一、美国财政预算的法律制度 …… 1
(一)美国宪法 …… 1
(二)反超支法 …… 2
(三)1921 年预算与审计法 …… 2
(四)国会预算和截留控制法 …… 3
(五)1985 年平衡预算和赤字控制法 …… 8
(六)1990 年预算执行法 …… 9
(七)其他预算管理法律 …… 10
二、美国财政预算编制管理制度 …… 12
(一)政府预算职能机构的基本框架 …… 12
(二)预算编制程序 …… 14
(三)财政收支构成及政府间的财政关系 …… 16
第二章　美国联邦公路投资预算管理制度 …… 19
一、预算编制和审批 …… 19
(一)陆路运输预算法案 …… 19
(二)预算提案的编制 …… 19
(三)预算编制的依据 …… 20
(四)国会审议和批准 …… 21
二、预算执行程序 …… 23
(一)预算授权 …… 23
(二)资金分配 …… 25
(三)支出承诺 …… 30

(四)资金使用 …… 32
(五)资金承付 …… 33
三、预算执行机制 …… 34
(一)预算控制机制——伯德检验 …… 34
(二)预算控制机制——支出限额 …… 35
(三)预算保护机制——预算"防火墙" …… 39
(四)预算保护机制——与收入相关联的预算授权 …… 40
(五)预算保护机制——最低保障金制度 …… 41
第三章　美国联邦公路项目预算授权情况 …… 53
一、联邦投资公路项目 …… 53
二、联邦投资公路项目实施 …… 53
三、联邦公路信托基金 …… 54
四、联邦公路项目投资 …… 55
五、核心项目的资金分配 …… 56
六、2014 年项目预算概要 …… 57
(一)国家公路绩效项目(NHPP) …… 58
(二)陆路运输项目(STP) …… 58
(三)公路安全项目(HSIP) …… 59
(四)缓解交通拥堵和空气质量改善项目(CMAQ) …… 59
(五)交通运输替代项目(TA) …… 59
(六)城市交通规划项目(MTP) …… 60
(七)联邦土地和部落交通项目(FLTTP) …… 60
(八)交通基础设施融资与创新项目(TIFIA) …… 60
(九)研究、技术和教育项目 …… 60
(十)其他项目 …… 61
(十一)行政管理费 …… 62
第四章　日本财政预算管理制度 …… 63
一、预算制度的基本原则 …… 63

二、预算的种类与内容 …… 64
(一)一般账户预算 …… 64
(二)特别账户预算 …… 64
(三)政府相关机构预算 …… 65
三、预算的编制与议会审议 …… 66
(一)预算编制方针和概算要求基准的确定 …… 67
(二)概算的编制 …… 67
(三)预算草案的编制与提交 …… 67
(四)预算的审议与成立 …… 67
(五)地方预算与国家预算的衔接 …… 68
四、预算的执行与决算 …… 68
第五章　日本公路投资预算管理制度 …… 70
一、设立道路特定财源用于普通公路建设 …… 70
(一)道路特定财源制度发展及演变 …… 70
(二)道路特定财源在道路建设资金中的比重 …… 74
(三)日本汽车相关税收占全部税收的比重 …… 75
(四)日本道路财源的分配 …… 76
二、实行收费公路政策支持高等级公路发展 …… 77
(一)道路公团建设管理收费公路 …… 78
(二)公团所暴露出来的主要问题 …… 78
(三)处理公路建设债务的主要措施 …… 79
三、公路交通预算管理制度 …… 82
(一)日本交通预算的编制 …… 84
(二)日本交通预算的执行 …… 84
(三)预算执行情况的公开 …… 85
(四)接受国民意见 …… 86
(五)提高职员参与预算执行效率化的意识 …… 86
参考文献 …… 87

第一章　美国财政预算管理制度

一、美国财政预算的法律制度

现行美国预算法律制度由为数众多的预算管理法律组成。自 1789 年美国预算制度建立以来，其预算管理先后经历了国会主导预算管理过程（1789 ~ 1921年）、总统主导预算编制过程（1921 ~ 1974 年）、国会和总统共同控制预算管理过程（1974 年至今）三个历史时期。伴随这三个时期预算管理权的加强和转移，美国出台了一系列的法案。这一系列法案构成了美国现行预算法律制度体系，主要包括 1870 年反超支法、1921 年预算与审计法、1974 年国会预算和截留控制法、1985 年平衡预算和赤字控制法、1990 年预算执行法等，上述法律的主要内容均被编入美国法典第 31 卷（货币与财政）。从法律渊源上看，美国预算法律制度起源于美国宪法有关财政管理的条款。从发展历史上看，1974 年是美国预算法律制度建设的分水岭，1974 年制定的国会预算和截留控制法在美国预算法律制度体系中起到支架作用。

（一）美国宪法

美国宪法于 1789 年生效，它是美国的根本大法，奠定了美国政治制度的法律基础。美国宪法除序言外共有 7 条，以后又产生了 27 个修正案。宪法第一条是有关立法机关的规定，其中对财政权的规定包括：国会拥有征税和发债的权力，用于为美国偿还债务、提供防务和一般福利；众议院负责提出筹集收入的议案，参议院可以参与筹集收入议案的修改；非经通过依法做出的拨款决定，不得从国库中支取资金；所有公共资金的定期会计记录和报表都应当经常公布等（美国宪法第 1 条第 7 款、第 8 款、第 9 款）。国会凭借美国宪法第1条第1款授予的立法权,在行使其财政管理权限的过程中制定了许多有关预算管理的法律制度。

(二)反超支法

美国建国之后,在较长一段时期内,国会拥有预算管理的主导权,政府部门的预算编制、执行均受制于国会。19世纪后期,由于缺乏法律约束,美国联邦政府部门的开支经常超出其预算拨款额,之后以“拨款不足”为理由要求国会支付账单。为了更好地控制政府支出,1870年美国国会颁布了拨款法案,对拨款程序和方式进行改革,其中包括后来被称为反超支法(The Anti-deficiency Act)的法律。反超支法规定在一个预算年度内,联邦政府部门的支出不得超出其获得的国会拨款额,也不得签订导致未来支付超出国会拨款额的合同。目前,反超支法中仍然有效的内容被编入美国法典第31卷第二篇“预算程序”第13章“拨款”第3子章“拨款的限制、例外和处罚”中和第15章“拨款会计”第2子章“用款计划”中,主要规定:联邦政府或者哥伦比亚特区政府的官员或者雇员不得超出拨款的额度进行支出、授权支出或者发生债务;除法律授权外不得在拨款前签订导致政府支付的合同或债务;根据1985年平衡预算和赤字控制法,已被没收的资金不得用于支出、授权支出、发生债务或者签订合同;不得超出用款计划或者部门条例中制定的支出计划的额度进行支出、授权支出或者发生债务;对违反上述规定的联邦政府部门或者哥伦比亚特区政府的官员或者雇员,将根据情节轻重受到暂时停薪停职、革职的行政处罚或者两年以内监禁、5 000美元以内罚款的刑罚;发生上述违法行为,部门首长必须向总统、国会报告,报告的复印件要同时传送给总审计长。

(三)1921年预算与审计法

20世纪以前,美国联邦政府预算采取的是联邦各部门和机构直接向国会要求预算拨款的形式,预算制度缺乏统一性。进入所谓的进步时代(the

Progressive Era)之后,美国立法和行政机构都认为有必要对预算程序和财政政策采取更加集权的解决方案,因此制定了 1921 年预算与审计法(The Budget and Accounting Act of 1921)。该法包括三部分内容,分别是定义、预算和审计。该法明确赋予总统提交联邦预算的权力,并将总统提交预算的过程法律化,规定了总统向国会提交预算的时间、预算主要内容、补充预算提交条件及方式等。同时规定,除非经国会两院之一要求,联邦部门或机构的任何官员或者雇员不得向国会提交有关预算要求、增加预算的要求和政府收入解决方案等。为协助行政当局做好预算准备和执行工作,该法规定设立预算局(原设在财政部,1939 年移至总统行政办公室,1970 年重组,成立预算和管理办公室 OMB),属于总统办公室系统,负责监督行政机构预算的执行。为了有效地监督行政机构的预算执行,该法还规定设立审计署(2004 年更名为政府问责办公室 GAO),属于国会机构,职责是对行政机构账目进行独立审计,向国会提交审计报告和行政机构违反财政法律情况的报告。1921 年预算与审计法的主要内容被编入美国法典第 31 卷第 1 篇“总则”下的第 1 章“定义”、第 3 章“财政部”、第 5 章“管理和预算办公室”、第 7 章“政府问责办公室”和第 2 篇“预算程序”之中。

(四)国会预算和截留控制法

1. 立法背景及核心内容

从 20 世纪 70 年代起,美国国会逐渐意识到联邦预算程序存在两大问题:一方面,国会缺乏研究预算的手段和资源,预算审查只是每年对总统预算所含的各项支出及收入建议进行逐案研究,无法形成一个总体政策框架;另一方面,由于总统对国会拨款具有一定的截留权,使得某个项目的预算虽已在国会通过,但总统在执行中可以向国会提议取消项目或推迟项目执行的方式将项目拨款暂时冻结,从而影响项目实施。当时的美国总统尼克松频繁使用截留权,截留了高达 150 亿美元的已经国会批准的高速路建设和污染防治项目的资金。

为解决上述问题，国会制定了1974年国会预算和控制截留法（The Congressional Budget and Impoundment Control Act of 1974），也称1974年预算法。该法的核心内容是其第三篇国会预算程序，对年度预算过程规定了明确的时间表，并建立了控制截留的制度体系，是美国预算法律制度中的支架性法律，主要内容被编入美国法典第31卷第2篇“预算程序”中。该法规定设立众议院和参议院预算委员会，工作中心是联邦预算政策，专门负责起草国会年度预算计划、预算决议和与预算相关的法律修改，并监控联邦政府在预算方面的行动。

同时，为了提升国会预算研究能力，该法规定设立国会预算办公室（CBO），其主要职责是进行年度经济形势预测，制定预算底线，审议总统年度预算建议，评估国会各专门委员会涉及支出的立法，评估国会已通过的支出立法对预算和经济的影响，根据未安排资金委托事权法的规定准备报告等预算相关工作，为国会预算委员会、拨款委员会和其他专门委员会有关预算的工作提供支持。

2. 有关预算工作分工的规定

根据1974年预算法的规定，收到总统预算请求后，国会参众两院预算委员会要举行听证会，接受行政机构官员、学界和工商界的专家、国家社团的代表、国会议员及社会公众的证词、证言。同时，国会其他委员会根据职能划分，就总统预算请求中与之相关的项目进行审议。这些委员会需要在国会收到总统预算请求后6周内就相关项目的拨款或收入水平提交“观点和预测”（views and estimates）。2月，国会预算办公室要向两院预算委员会提交有关预算和经济展望的年度报告。3月，国会预算办公室要向两院预算委员会和拨款委员会提交对总统预算请求的分析报告。

3. 预算共同决议案及主要内容

国会通过的预算共同决议案（concurrent resolution on the budget）是对总统预算要求所做出的回应，决定即将到来财政年度的预算规模和其后至少4个财年的预算计划规模，是国会有关预算的总体政策框架和指导具体支出和收入立法工作的载体。1974 年预算法对预算共同决议案的产生程序作了规定，主要内容是：每年 3 月，根据总统预算请求、听证会获得的信息、其他委员会的“观点和预测”以及预算办公室的报告，两院预算委员会各自起草预算决议案，起草工作是通过一系列的公开会议来实现的，这一过程又被称为预算修改（mark-ups）。在此过程中，预算委员会成员可以提出自己的预算计划，并对预算决议案进行修改。预算修改过程结束后，两院预算委员会向参众两院分别提交预算决议案，两院通过后再提交国会全体会议通过，形成预算共同决议案。预算共同决议案不属于法律，无须送总统签署，因此对总统并不构成法律约束，但对国会两院有关预算的工作起到约束和指导作用。在立法程序上，1974 年预算法为国会特别是参议院表决通过预算决议案提供了“快车道”，预算决议案的辩论时间和修改范围都有所限制。与一般法律议案不同，正常情况下预算决议案都会较快通过。如 1974 年预算法第 305 节规定，参议院对预算决议案的辩论时间不得超过 50 个小时，并在参议院多数党和少数党之间平均分配。除了时间限制外，1974 年预算法第 305 节（b）款还规定，有关预算决议案的修改建议必须符合密切相关（germane）的原则，符合以下条件：

（1）仅为删除决议案的文字；

（2）改变决议案的数字（金额）或日期；

（3）在决议案中增加有关表达参议院或国会就预算事务看法的文字。

一项对预算决议案的修改建议被参议员以不符合相关要求提出议程限制时，只有获得 3/5 的绝大多数投票才能取得豁免。总之，国会预算共同决议案使得国会可以采取快速立法程序形成自己的年度预算计划，使得国会能够在自己的预算计划框架内提出收入和支出建议，为国会在年度收入和支出立法工作中提供指引。

1974 年预算法第 301 节规定了预算共同决议案的基本内容，主要包括：

（1）预算总额（budget totals）。预算总额在预算决议案中分别以预算累计（budget aggregates）和各委员会预算分配额（committee allocations）两种形式表现，预算累计是决议案包括的每一预算年度的总收入（total revenue）、新预算总授权额度（total new budget authority）、总支出（total outlay）和社会保障的总收入和支出的合计数额。

1974 年预算法第 311 节对国会审议突破预算决议案规定的预算总额水平的法律议案设定 3/5 绝大多数投票议程限制（point of order），即除获得超过议员总数 3/5 的绝大多数投票取得豁免外，国会两院都不得审议任何突破预算决议案规定的预算总额水平的法律议案。1974 年预算法第 301 节规定了预算在各委员会的分配，要求有关预算决议案的会议报告要向参议院各委员会分配适当水平的预算和支出授权，两院拨款委员会要将预算分配额再向各自所属的 12 个附属委员会进行分配，委员会和附属委员会预算分配额的执行也是通过议程限制，除非获得 3/5 绝大多数投票，委员会不得审议有关预算授权和支出超出其分配额的法律议案。

（2）根据预算功能划分的预算明细（spending broken down by budget function）。联邦支出按功能的明细列表是预算决议案第二项基本内容。预算决议将联邦支出按照功能划分为国防、农业、健康等 20 个类别，为国会在支出类别上确定联邦资源分配的优先政策提供了手段。

（3）有关调整现行法律的指令（reconciliation instructions）。调整现行法律的指令曾经被国会用作在财政年度末期通过立法活动对收入和支出水平进行微调的工具。近年来，国会和总统都将减少联邦赤字作为重要任务，经常通过调整法律指令来削减赤字，因此调整现行法律的指令成为预算决议案中的重要内容。1974 年预算法第 310 节规定了调整现行法律的程序，为国会通过快速程序以综合议案的形式来改变预算收入和削减定向支出提供保障。在普通立法程序下，这种大规模和复杂的法律议案是很难被通过的。因为为了达到节约预算的目的，这种综合议案往往包含调整税率或者对一些很受欢迎的社会福利项目进行削减或限制的内容，立法的阻力较大。

而就支出而言，由于权利性支出和其他定向支出大约占联邦预算支出的 2/3（其中大部分为社会福利项目），这种法律调整对削减赤字至关重要。利用调整现行法律的程序,国会指导各委员会在一定日期前向预算委员会报告各自管辖的法律应当根据预算做出的调整,两院预算委员会将各委员会有关法律修改的建议汇总为一个综合调整议案,最终得出通过修改现行法律,收入和定向支出可以变化的总额。此外,调整现行法律的指令还被用来确定国债法定限额(即国债余额)调整的数额。

(4)国会预算执行机制(congressional budget enforcement mechanisms)。国会预算执行机制包括量入为出议程限制(pay-as-you-go point of order)、自主支出预算上限和防火墙议程限制(discretionary caps/firewall point of order)及储备基金(reserve fund)三大机制。根据1974年预算法第302节和第311节的规定,对预算累计和委员会预算分配额分别设定了约束和执行机制。由于1985年平衡预算和赤字控制法和1990年预算执行法对量入为出议程限制、自主支出预算上限和防火墙议程限制均进行了修改,因此,这里仅对储备基金进行说明。

在缺乏储备基金的情况下,一项通过增加收入来弥补定向支出的立法,如果导致预算累计被突破或者委员会预算分配额被突破,即使该立法本身并不会带来任何赤字,也将面临预算法议程限制。因此,1974年预算法第301节规定了利用储备基金来帮助对总体赤字没有影响的立法项目的审议。即在预算共同决议规定了储备基金的前提下,预算委员会主席可以通过调整收入和支出预算累计或委员会预算分配额的方式,使得下列立法不会遭受预算法议程限制:

(1)减税同时削减支出的立法项目;

(2)设立新的权利项目的同时增加税收的立法项目;

(3)设立新权利项目的同时减少其他委员会的权利项目。

4.有关国会截留控制法的规定

国会截留控制法本身是1974年国会预算法第十篇的内容,规定总统可以对国会拨款推迟使用(deferral)或提议取消(rescission),国会的职责是对总统的行为进行审议并做出批准或者不批准的回应。为此,国会截留控制法规定了推迟使用和提议取消的适用条件和国会回应的程序。国会截流控制法规定,推迟使用只有在应付意外情况、通过要求上的变化或更高的运作效率来实现节省,或者法律特殊规定的条件下才可以使用,除了这些情况,美国的任何官员或雇员不能为了其他原因而推迟任何预算授权。总统提议取消预算授权,必须是在他认为对于特定项目的预算授权不是实现项目目标所必需的,或该预算授权由于财政政策或其他原因(包括已提供了预算授权的授权计划或活动)应当被废止等,总统应向两院递交一份特别通知申请废止。截留控制法的实施限制了总统在预算管理中权力的扩张,平衡了国会和总统在预算管理中的权限,加强了国会对预算管理的监督,对美国预算管理的完善起到了积极的推动作用。

(五)1985 年平衡预算和赤字控制法

由于越南战争中耗费了大量资源,联邦政府预算自 20 世纪 70 年代开始逐步陷入赤字泥潭,1974 年以后情况更加恶化,以当前美元计算,1974 年美国联邦财政赤字为 61.35 亿美元,占当年 GDP 的 0.4%,1984 年就达到 1 853.67亿美元,占当年 GDP 的 4.8%。为了控制巨额财政赤字,美国在 1985 年制定了平衡预算和赤字控制法(The Balanced Budget and Emergency Deficit Control Act)。1985 年平衡预算和赤字控制法设定了"最高赤字额",一旦赤字突破了这一法定限额,总统就会被国会要求签发扣减令(sequester order),对所有不能豁免的联邦支出按统一的比例进行扣减,具体扣减工作由审计署执行。但在 1986 年 7 月的审判案(Bowsher v. Synar)中,联邦最高法院判决 1985 年平衡预算和赤字控制法的部分条款违宪,理由是该法将扣减执行权力授予审计署,审计署是国会的机构,因此将扣减这种行政执法权授予国会的机构违反了宪法有关分权的原则。根据联邦最高法院的这一判决,1987 年国会制定了平衡预算和赤字控制重申法(The Balanced Budget and Emergency Deficit Control Reaffirmation Act of 1987),将扣减的执行权力授予属于行政机构的总统管理和预算办公室。

1985 年平衡预算和赤字控制法还对 1974 国会预算法规定的预算程序进行了修改，以加强预算执行和最高赤字额控制，其中最重要的变化是将某些议程限制的豁免投票由简单多数提高至 3/5 绝大多数。

(六)1990 年预算执行法

1985 年平衡预算和赤字控制法实施后，仍然未能有效控制联邦赤字的增加。1990 年春季，联邦赤字已明显会超出 1985 年平衡预算和赤字控制法规定的最高限额近 1 000 亿美元。管理和预算办公室预计要消除超出最高限额的赤字，需要对联邦支出进行高达 850 亿美元的扣减。由于国会对大部分预算支出予以了扣减豁免，意味着扣减令需要对防务项目进行 32% 扣减，对非防务项目进行 35% 的扣减。为了应对不断增长的联邦赤字，1990 年 5 月，布什总统与国会领导同意就预算问题进行协商。1990 年 11 月，布什总统签署了 1990 年预算综合调整法(The Omnibus Budget Reconciliation Act of 1990)。该法是总统和国会间就预算问题的协定，其第十三篇即为预算执行法(The Budget Enforcement Act of 1990)，作为协定的执行条款。1990 年预算执行法将 1985 年平衡预算和赤字控制法有关赤字控制的制度分为两个独立的体系，即对自主支出进行上限控制(discretionary spending caps)，对定向性支出和收入立法实行量入为出(pay-as-you-go)制度，并在预算执行方面规定拨款委员会负责自主支出的执行，国会其他授权性委员会负责定向性支出和收入的执行。

对于自主支出总水平，有两种控制方法，分别是国会限额(congressional caps)和法定支出限额(statutory spending caps)。国会限额由预算共同决议案所设定，通过议程限制来执行，并对不同项目采取差别政策，即所谓防火墙规定。法定支出限额则由 1990 年预算执行法及后继法律修改所规定，根据支出分类(防务支出、外交支出和非防务自主支出)设置了不同的支出限额和相应的执行措施，如扣减程序或议程限制等。

对于法定支出，也有两种执行机制，即预算决议案中规定的国会执行机制和1990年预算执行法规定的法定执行机制。

(1)国会执行机制,是指预算决议案规定的由参议院执行的“量入为出”规则。这一规则最初由1994年预算决议案所规定,对任何可能导致未来十年赤字水平增加的立法议案设定了议程限制,要求任何导致定向性支出增长的法定项目,都必须通过减少其他法定项目的支出或增加财政收入的方式来抵销。“量入为出”议程限制适用于除拨款法案以外的所有立法活动,国会预算办公室负责对立法项目对赤字的影响进行评估。但参议院的“量入为出”规则于2002财年结束时已到期失效。

(2)法定执行机制,是指1990年预算执行法规定的由管理和预算办公室对定向性支出和收入实行“量入为出”管理。行政部门执行的“量入为出”规则与国会执行的议程限制有同样的效果,国会应当就任何导致定向性支出增长的法定项目变化采取抵销措施,不然就面临扣减的风险。法律规定,当管理和预算办公室预测到所有定向性支出总额和1997年8月5日以后的收入立法会导致年度预算赤字净增长时,总统就应当颁布扣减令,对所有非豁免的定向性支出按统一比例进行扣减,以消除净赤字的增长。但是,实际执行中多数定向性支出,或是豁免于扣减令,或是由于按照特殊规则运行而有扣减上限。例如,社会保障项目(social security)就免于“量入为出”扣减,医疗补助项目(medicare)则根据特殊规则运行,扣减不得超过4%。

(七)其他预算管理法律

美国预算制度中其他比较重要的法律还包括1991年首席财务官法、1993年政府绩效和成果法和1995年未安排资金委托事权法等。

1991年首席财务官法(The Chief Financial Officers Act)规定,管理和预算办公室新设一名负责管理的副局长职位,同时设立联邦财务管理办公室负责联邦政府一级的财务管理职责,并规定在23个联邦主要机构中设置首席财务官职位,成立首席财务官理事会,加强财务管理人员配置,整合财务管理工作,加强财务管理制度和财务管理计划,制定会计和审计标准,提高财务信息质量。1990 年首席财务官法的内容被编入美国法典第 31 卷第 1 篇“总则”下的第 9 章“机构首席财务官”中。

1993 年政府绩效和成果法(The Government Performance and Results Act)是美国第一部直接推动预算框架和管理改革的法律。根据该法的规定,联邦机构应当从 1999 财年开始,就所有项目开支制定绩效措施。例如,一个职业培训项目可以通过接受培训人工资的变化来衡量绩效。绩效信息有助于厘清联邦政府实际取得的成果,并可以指导资金从绩效不佳的项目转投入高绩效的项目。该法规定联邦机构需提供的绩效报告类型有以下 4 种:

(1)各联邦机构应当制定五年战略计划设定机构运行的总体目标。

(2)各联邦机构还应当制定年度绩效计划,设定与战略计划匹配的年度量化目标。

(3)各联邦机构在年度末要形成回顾性的绩效报告,将实际执行结果与目标进行比较。

(4)管理和预算办公室需拟定包括所有联邦机构情况的联邦政府总体绩效报告,并在每年 2 月与总统预算一起提交国会。1993 年政府绩效和成果法的主要内容被编入美国法典第 31 卷第 2 篇“预算程序”下第 11 章“预算和财政、预算和项目信息”中第 1 115 节至第 1 119 节。

1995 年未安排资金委托事权法(The Unfunded Mandates Control Act of 1995)对 1974 年国会预算法进行了修改,在其第四篇中增加了 B 部分。该法的立法宗旨是限制联邦政府未经国会的充分研究和审议,向州、地方和部族政府或私人部门委托不提供资金的事权。为实现这一宗旨,该法规定国会预算办公室对各委员会提交的立法项目进行事权分析;对不合规定的事权设定了多数投票议程限制;要求联邦机构就联邦条例中设定的未安排资金事权造成的预算影响,与州、地方和部族政府进行协商解决。同时,该法也规定了七种免于事权审查的特殊项目,主要包括:

(1)执行宪法规定权利的项目;

(2)禁止种族歧视的项目;

(3)符合与联邦政府提供的转移支付或其他资金和财产有关的会计或审计程序要求的项目;

(4)应州、地方和部族政府要求提供的紧急救助项目;

(5)国家安全必须或与国际协定一致的项目;

(6)总统指定的紧急项目;

(7)社会保险法第二篇规定的老年、遗属和残疾人保险项目。

二、美国财政预算编制管理制度

美国是世界上最大的经济发达国家,在预算管理方面有一套比较系统、规范的机制和方法。特别是1992年克林顿政府上台以来,在美国经济强势的大背景下,财政赤字逐年减少,1998年联邦总预算已经出现盈余692亿美元,其中一般预算(相当于预算内)赤字299亿美元,基金预算(相当于预算外)盈余991亿美元。这与美国政府采取较为适宜的财政政策和较为完善的预算管理办法是分不开的,其中许多方面值得我们学习和借鉴。

(一)政府预算职能机构的基本框架

1. 美国政府预算职能机构及相互关系

美国是行政部门、立法部门和司法部门三权分立的国家。行政和立法部门各有一套参与预算编制和审核的系统,二者各有侧重,互相制约、共同配合,履行政府预算的职能。其中,行政部门参与预算编制的主要角色有:总统,由财政部、国民经济委员会、经济建议委员会组成的"经济三角",及总统预算管理办公室。

总统:决定预算实施政策,向国会提交预算报告;随时向国会提交追加预算的请求和预算修正案;签署或否决收入、授权和其他与预算相关的法律;向国会通报取消或延期支出的项目;如必要,签署取消某项预算收入的征收等。

"经济三角":即由国民经济委员会、经济建议委员会和美国财政部共同负责经济预测并制定主要的经济政策。其中,国民经济委员会的主要职责是:为总统提供国民经济政策(各内阁部门都有人员参加),制定经济政策和预测。

经济建议委员会主要是向总统建议税收政策和需要财政投入的重点领域。

美国财政部建立于1789年,当时其职能是管理国内收入、组织预算执行和进行一些其他财政金融活动。其后财政部的职能和规模不断扩大,目前其基本职能主要是:拟定和建议经济、金融及财政政策;办理国库业务;执行有关预算法令;印铸货币;管理公债、国家政策性银行和国家金银。

美国财政部由税务局(国内收入局)、烟酒火器局、公共债务局、通货检查局、美国储蓄债券局、美国造币局、美国海关总署、金融管理局、国库局、节俭检查办公室等组成。

美国财政部负责根据历年的收入情况和经济发展预测,编制收入预算(支出预算由总统预算办公室编制),供总统预算办公室参考;美国财政部根据国会批准的预算,组织资金供应。财政部约有员工2 200人。

总统预算与管理办公室(简称OMB)。美国的总统预算办公室是独立于财政部之外,直接向总统负责的机构,其职责主要是编制支出预算,即根据各部门、机构提出的各自预算方案,经核查后统一汇编出联邦预算,交总统审核,然后由总统提交给国会。经国会批准后,按项目分配资金并监督行政部门的预算执行,保证其达到预算目标,促进政府内部机构之间的合作与协调。此外,总统预算办公室还负责制定政府采购的政策、规章和程序、定员定额管理、常规预算的审查等。总统预算管理办公室分为预算部门和管理部门两部分,约由600名职员。

2. 美国国会的政府预算审核机构

美国国会由参、众两院组成,参众两院各有一套审核联邦预算编制的庞大机构,具体包括:参、众两院的拨款委员会、筹款委员会、预算委员会、国会预算办公室(CBO)和会计总监局(审计局GAO)。

国会拨款委员会，是国会中负责拨款法案的常设委员会，即为政府部门拨款授权，通过取消拨款的立法，开支结余结转的立法，及根据国会预算委员会的决定进行新的开支授权，两院的拨款委员会各下设13个小组委员会。

国会筹款委员会，是国会中专门负责税收法案审议的常设委员会。

国会预算委员会，成立于1974年，是国会中专门对总统的行政预算进行审议的常设委员会，主要职责是加快国会审核预算的进程，并使国会能用专家的眼光来审核总统的行政预算。

国会预算办公室（CBO）。CBO是一个专业的、非党派的机构，成立于1975年，没有审批权。其职责是为国会两院提供客观、专业、及时、非政治化的分析，这些分析有助于经济和预算决策。国会预算办公室对经济与预算有独立的分析与预计，并独立地编制一整套预算，供国会参考。简单地说，国会预算办公室的任务，主要是为参、众两院的预算委员会、筹款委员会、拨款委员会提供辅助性服务，给总统的预算挑毛病，另外也应国会的要求研究预算和经济方面的有关政策。近些年来，CBO的规模逐步扩大，现在已经有工作人员300多人。

国会会计总监局（GAO），建于1921年，是审计政府财务，使政府财务活动限制在国会批准的范围内的机构。

（二）预算编制程序

联邦政府和州、地方政府之间也有较为明确的分工。美国的联邦预算是按单式预算编制的，地方预算大多按复式预算编制。1977年以前美国的预算年度是从7月1日到下一年度的6月30日。从1977年开始，美国联邦政府的财政年度改变为10月1日到下一年度的9月30日。但美国大多数州政府的财政年度仍然是7月1日到下一年度的6月30日。个别州的财政年度为两年，如马里兰州。

一般来说，在一个财政年度内，政府要在执行本财政年度的预算的同时，审核上一财政年度的预算，编制下一财政年度的预算。美国的预算编制程序复杂、耗时，从各部门编制各自的预算开始，到联邦预算执行后的审计，一个预算周期历时为33个月。联邦预算的编制程序如下：

1. 预算编制(9个月)

准备预算框架3个月；各部门编制预算3个月；OMB审定部门预算，形成总预算需要3个月。按照法律规定，总统要在2月份的第一个星期一向国会提交联邦预算草案。

2. 国会审批预算(9个月)

国会可以批准、修改或不批准总统提交的预算案，但如果国会要增加某项开支，就必须同时提供可压缩开支的项目，从而保证支出总量不变。众议院和参议院的常务委员会分别向各自的预算委员会提出推荐意见，再经两院的拨款委员会拟定详细的拨款议案，这个过程共需9个月。在国会对预算进行立法的阶段，总统也修正他的预算建议。国会听取国会预算委员会的建议后通过总统预算提案，经总统签署后开始生效；如果总统否决国会的预算方案，而国会仍坚持自己的方案，则国会又要经过类似的程序对预算进行重新审议。从1997年起，总统可以对国会通过的预算进行部分否决(在这之前只能全部否决)，这样就可以避免总统与国会在某项预算上的分歧而影响整个预算的执行。实际上，国会审批的主要是联邦预算中的可选择性支出，对连续性的和法律规定的强制性支出一般没有争议。

3. 预算执行(12个月)

预算由国会通过并经总统签署后就成为预算拨款的基础，并且以法律的形式规定下来。OMB负责预算管理和分配资金，它按进度分季拨款和按项目类别进行分配。在执行过程中需要追加支出，必须经过国会立法修正案。行政部门在执行预算过程中，在某些特殊的情况下可以采取推迟或取消某些项目的支出，这些措施也必须向国会报告，国会可以同意也可以否决这些措施。按照法律规定，经费超支或该花的钱没花同样是违法。国会会计总监局负责审查联邦预算的执行结果与国会通过的法案是否相符，对部门和项目的预算支出效益进行评估。

预算执行中的资金调拨具体事宜由财政部负责。财政部在各银行均有两个账户，即收入户（存款户）和支出户，纳税人纳税时在自己的开户行就可将税金直接划入财政存款户，由于银行间已实行了联网，财政部和联邦储备银行随时都可了解到财政收入的情况。财政部根据 OMB 的预算安排，将资金由存款户划入支出户，办理预算拨付。美国联邦财政支出的 40%，是通过政府采购方式（国防支出占的比重最大），由财政部直接支付给商品和劳务的供应者（即单一账户）。利用计算机网络，财政部可以按天编制资金平衡表，当预算资金出现收不抵支时，财政部可以根据国会核定的债务额度，按资金缺口的时限和当时的银行利率，灵活地确定债务种类、期限和利率。

4. 决算汇总和审计（3 个月）

预算年度结束后，由财政部与总统预算办公室共同编制反映预算年度内的预算收支执行情况的决算报告，经审计机构审核，国会批准后即成为正式决算。国会会计总监局在每个政府机构内部都设一个总检察官，他们与政府机构相对独立，负责审计年度决算执行情况。另外，有些商业性开支，也请民间的会计公司参与审查。

（三）财政收支构成及政府间的财政关系

1. 联邦和州、地方政府的事权与财权的划分

美国是联邦制国家，政府体系由联邦、州和地方三级政府组成，各级政府之间事权和财权都划分得比较清晰、明确和规范。一般来讲，联邦政府负责对收入进行再分配和稳定国民经济，各州、地方政府的自主权也相对较大，主要负责有效配置资源、解决市场失灵和外部性问题。按照上述原则，国防、邮政服务、退伍军人福利、社会保障与医疗保险几乎 100% 由联邦政府负担。州政府主要负责失业救济，高速公路、公共教育、公共福利、监狱的大部分支出；地方政府主要负责火灾消防、排水、警察服务等项支出。值得一提的是，在美国的教育体制下，联邦财政主要向中小学的特殊学生提供部分资金，如

特困生和残疾学生。至于高等教育，联邦政府不是直接提供教育经费，而是着重资助科学研究项目。

与财政支出的职责划分相适应，美国各级政府的税收权限划分也较为明晰，大体上说，联邦政府主要依赖的是所得税，州政府依赖的是消费税或销售税，地方政府主要依赖财产税。

2. 联邦预算的编制形式和构成

按预算编制的形式划分，联邦预算可以分为一般预算、基金预算两部分。一般预算是指我们通常所说的预算内收支，基金预算亦称信托基金，是指我们通常所说的预算外收支，主要来源于特定收入，只能用于特定支出的项目，如社会保障基金、燃油税、医疗保障基金等。

美国政府向国会提交的联邦预算，既包括按经济性质划分的功能预算，又包括部门预算，使预算资金的分配去向一目了然。按照经济性质划分的预算下面又分为强制性预算和可选择性预算两类。所谓强制性预算是指按法律规定或者客观实际必须安排的支出，一般具有刚性特点，如退伍军人补贴和公务员工资等；可选择性支出是指政府可以选择、可以控制的项目支出，政府和国会对这类支出的调整余地较大，如研制或购买军事武器支出等。

从联邦政府的收支结构来看，1998 年联邦政府财政收入为 17 210 亿美元，占 GDP 的 20.5%，其中预算内收入为 13 060 亿美元，预算外收入为 4 160 亿美元；从总的支出结构看，1998 年联邦财政支出已经达到 16 526 亿美元，占 GDP 的 19.7%，预算内支出占全国财政支出的 55.4%，预算外支出（社会保障基金等）占 13.1%，州和地方政府的财政支出占 31.5%。

3. 美国的转移支付制度以有条件拨款为主

美国联邦政府集中的财力中，很大一部分转移给州和地方政府。按照使用条件的不同，美国政府间的转移支付可以分为以下几类：

（1）**有条件拨款**（也称专项拨款）。即接受有条件拨款的州或地方政府必须按指定用途和方式使用拨款。如医疗补贴，是联邦政府转移给州和地方政府专门用于低收入者的医疗保健项目拨款，此项资金是目前份额最大的联邦拨款资助项目,由州政府负责具体管理。据统计,1988 年美国联邦政府间转移支付中专项拨款占 87%,总额超过 1 150 亿元,其中 2/3 是拨给州政府,其余 1/3 是拨给地方政府。专项拨款具体分布在以下几个项目:卫生保障、收入保障、教育与培训以及交通。

(2)**配套拨款**。即在有条件拨款中,有的项目要求接受州或地方政府安排一定配套资金。

(3)**无条件拨款**。即联邦政府不指定拨款用途,具有财力补助性质,但金额较小。

联邦政府的转移支付具有公开、公正、透明的特点,无论是专项拨款还是非专项拨款,大都要按照国会确定的复杂公式计算,如考虑该地区的人口、人均收入、征税努力程度等因素。

4. 关于地方政府举债问题

美国法律规定,联邦政府和地方政府都可发行政府债券。联邦政府举债主要通过两种办法:一是向公众借债;二是向政府基金账户借款(按照法律规定,政府设立的大部分信托基金余额必须投资于联邦债券)。州和地方政府发行的债券金额较小,但种类较多,而且只能用于公共建设项目投资,同时能给公众带来较稳定收益或具有偿还能力。

第二章　美国联邦公路投资预算管理制度

一、预算编制和审批

（一）陆路运输预算法案

联邦政府对公路项目进行投资，第一个步骤也是最为关键的一步：投资立法（确定预算法案）。对公路项目的投资立法，始于1916年《联邦资助公路法案》和1921年的《联邦公路法案》，这两部法案为联邦政府投资公路项目奠定了法律基础。从那时起，国会已经批准了多部预算法案，使联邦政府投资公路项目得以持续和发展。从1978年开始，公路投资预算法案已经演变成了综合的陆路运输预算法案。

陆路运输预算法案确定的投资范围和持续时间，一直在不断调整。大部分预算法案是多年期的，例如：《陆路多式联运效率法案》（ISTEA）、《21世纪运输衡平法案》（TEA-21），均覆盖6年的时间跨度。但也有一些法案属于短期"过渡性"的，如续茶法案TEA-21在2003年9月30日到期，在经过12次的短期延续后（每次延续期从2天到8个月不等），2005年8月10日国会才颁布了新的综合性、多年期法案——《安全、可靠、灵活、高效的运输衡平法案：留给使用者的财产》（SAFETEA-LU）。

（二）预算提案的编制

1. 法律基础

20世纪以前，联邦政府预算采取的是联邦各部门和机构直接向国会要求预算拨款的形式。由于预算制度缺乏统一性,1921 年国会制定了《预算与审计法》(The Budget and Accounting Act),赋予总统提交联邦政府预算的权利,并将总统提交预算的过程法律化。为做好预算编制和执行工作,联邦政府设立了预算局(原设在财政部,1939 年移至总统行政办公室,1970 年重组成立为管理和预算办公室 OMB),负责联邦政府的预算编制和监督预算执行。

2. 议案编制

联邦政府通常会提出以立法的形式授权对公路项目的投资预算,目的是为了彰显未来陆路运输的法律地位。

预算编制主体。根据法律规定,联邦政府对公路项目的投资预算编制,首先由联邦运输部(DOT)编制提出预算议案。这一过程涉及:联邦公路管理局(FHWA)、联邦汽车运输安全管理局(FMCSA)、国家公路交通安全管理局(NHTSA)、管道和危险品安全管理局(PHMSA)、研究和技术创新管理局(RITA)、联邦铁路管理局(FRA)和联邦运输管理局(FTA)。

预算议案提交。联邦运输部的预算议案编制完成后,报送管理和预算办公室(OMB)审核,经总统批准后,提交国会审议和批准。

(三)预算编制的依据

联邦运输部对公路投资预算的编制,依赖于联邦公路资产管理体系。公路资产管理体系(核心是资产管理信息系统),为预算编制提供了依据。

联邦运输部通过公路资产管理体系,对公路系统所处的性能状况和服务水平进行监测和评估,同时提出公路系统要维持或提升一定服务水平所需要的最优投资额。

一般情况下,联邦运输部每隔两年编制公路系统的基本情况和绩效报告,为下一周期的预算编制提供依据。如 2014 年编制的报告显示:保持现状需要 550 亿美元(现状基数乘以 1.1);服务水平由 D 提升至 C 需要 1 000 亿美元(现状基数乘以 2);要解决全部的交通问题,需要 2 000 亿美元(现状基数乘以4)等。

(四)国会审议和批准

1.法律基础和程序

从20世纪70年代起,国会逐渐意识到对联邦政府预算的审查,缺乏必要的手段和资源,预算审查只是对总统预算所含的各项支出及收入建议进行逐案研究,无法形成一个总体政策框架。为此,国会于1974年制定了《国会预算和控制截留法》。规定设立众议院和参议院预算委员会,专门负责起草国会年度预算计划、预算决议和与预算相关的法律修改,并监控联邦政府在预算方面的行动。同时,为了提升国会预算研究能力,设立了国会预算办公室(CBO),主要负责进行年度经济形势预测,制定预算底线,审议总统年度预算建议。

(1)**预算审议工作分工**。根据1974年《国会预算和控制截留法》的规定,收到总统预算申请后,国会参众两院预算委员会要举行听证会,接受行政机构官员、学界和工商界的专家、国家社团的代表、国会议员及社会公众的证词、证言。同时,国会其他委员会根据职能划分,就总统预算申请中与之相关的项目进行审议。这些委员会需要在收到总统预算申请后就相关项目的拨款或收入水平提交"观点和预测"(views and estimates)。国会预算办公室要向两院预算委员会提交有关预算的年度报告和对总统预算申请的分析报告。

(2)**预算共同决议案**。国会的预算共同决议案(concurrent resolution on the budget)是对总统预算申请做出的回应,决定即将到来财政年度的预算规模和其后至少4个财年的预算计划规模,是国会有关预算的总体政策框架。主要内容是:根据总统预算申请、听证获得的信息、其他委员会的"观点和预测"以及预算办公室的报告,两院预算委员会各自起草预算决议案,起草工作是通过一系列的公开会议来实现的,这一过程又被称为预算修改(mark-ups)。在此过程中,预算委员会可以提出自己的预算计划并对预算决议案进行修改。预算修改过程结束后,两院预算委员会向参众两院分别提交预算决议案，两院通过后再提交国会全体会议通过，形成预算共同决议案。

对陆路运输预算提案的审议工作，在众议院、由运输和基础设施委员会及下设的公路和运输小组委员会具体负责；在参议院、由环境和公共事务委员会及下设的运输和基础设施小组委员会负责。这样，预算提案的审议工作由参众两院的委员会分别独立、同时进行。

2. 国会的审议程序

(1)听证。听证工作一般是在当前预算法案到期前的9个月到一年内进行。听证的目的是给予相关利益主体、市民、国会议员以及政府部门一个机会，以表达他们对未来陆路运输发展方向的认识和看法。

(2)小组委员会提案。听证结束后，小组委员会综合听证内容、总统提案以及预算委员会提出的意见等，起草并编制完成小组委员会的预算提案，提交预算委员会审议。通常情况下，小组委员会提案反映的只是整个预算提案的一部分，如：安全提升或桥梁项目提案。

(3)预算委员会提案。根据各小组委员会的提案，预算委员会进行综合、融合，形成预算委员会预算提案。

(4)两院提案。对预算委员会提案进行讨论和投票表决。在以上过程中，参众两院各自履行听证、讨论、投票表决等程序，分别独立提出各自的预算提案。

(5)国会提案。两院各自的提案提交国会会议委员会讨论表决。会议委员会的作用是消除两院提案中的分歧、达成一致的目标。两院的提案达成一致后、形成国会预算提案，然后呈送给国会每个议员供全体会议表决。

(6)预算法案。国会全体会议表决通过后，递交总统签署。图2-1展示了国会审批的典型环节和流程。

国会批准的预算法案，确定了一定预算周期(通常5~6年)内联邦政府投资公路项目的预算总额和年度预算额。此外，由于预算法案只规定了大类项目的预算，每一大类中的具体项目预算安排由联邦运输部负责。

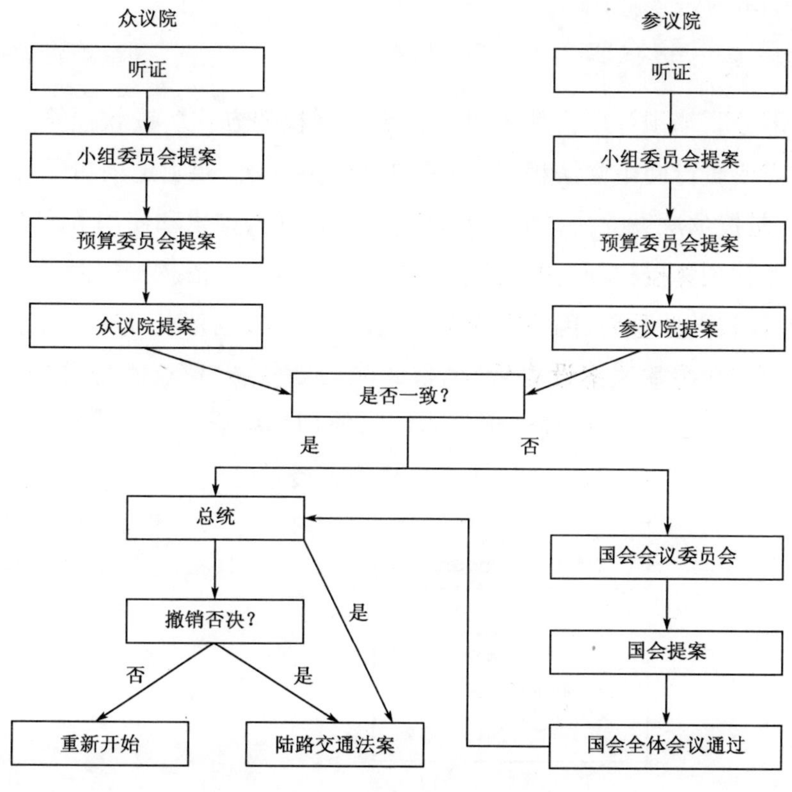

图 2-1　国会审批程序

二、预算执行程序

预算法案得到国会批准后，接下来的预算执行工作由联邦政府负责(具体由联邦运输部公路管理局执行)。预算执行程序通常包括：预算授权、资金分配、支出承诺和资金承付等。

(一)预算授权

预算授权是指国会对预算资金的分配、支出、承付等方面的批准。预算授权有两种方式：一是拨款预算授权，即资金分配使用必须在法定拨款程序下运行；二是合约授权，即资金分配使用不受法定拨款程序约束，而是通过订立合约的方式批准使用。

1. 拨款预算授权

大部分联邦预算项目都采用拨款预算授权的方式。拨款预算授权的项目通常需要履行两个立法程序:一是预算法案立法,即确定项目预算规模的上限;二是拨款法案立法,即对项目资金如何分配、支出和使用等方面作出规定。即拨款预算授权项目的实施,要履行预算授权和拨款授权两个程序。其中,拨款授权至关重要,因为它既是对支出的批准,也是对可支付资金额度的批准。只有在拨款法案设立后,项目才能启动实施,资金才能分配和使用。通过拨款授权法案,国会确定项目实际可使用的资金额度,其通常等于或低于最初授权的水平。图 2-2 描述了拨款预算授权的流程。

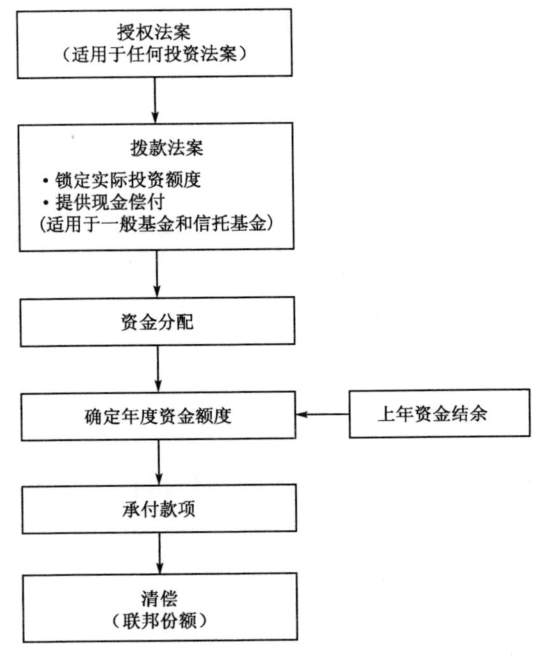

图 2-2　拨款预算授权的流程

虽然绝大多数的公路项目采用合约授权的方式,但也有一些项目也受拨款授权法案的约束。例如:在 TEA-21 法案中,国家古迹桥梁项目属于拨款预算授权的项目,虽然该项目在 1999 ~ 2003 年中每年授权额度仅有 1 000 万美元，但在拨款法案确立前（如 1999 年）未能得到一点资金投资。2006 年通过联邦运输部拨款预算授权的方式，投资了阿巴拉契亚地区的公路项目。

拨款预算授权下的项目资金，可以是一般预算资金，也可以来源于公路信托基金。但一般预算资金项目必须采用拨款预算授权方式。

2. 合约授权

大部分公路项目的预算授权，不是采用拨款预算授权的方式，而是通过合约授权（一种特殊的预算授权）的方式进行。合约授权方式始于 1921 年《联邦资助公路法案》。合约授权下的年度资金分配，在财政年度的第一天（每年的 10 月 1 日）进行。

在合约授权方式下，公路预算项目必须满足两个要求：一是要符合《美国法典》第 23 卷第 1 章有关"合约授权"的规定；二是项目资金必须要从公路信托基金中支出。图 2-3 描述了合约授权的流程。

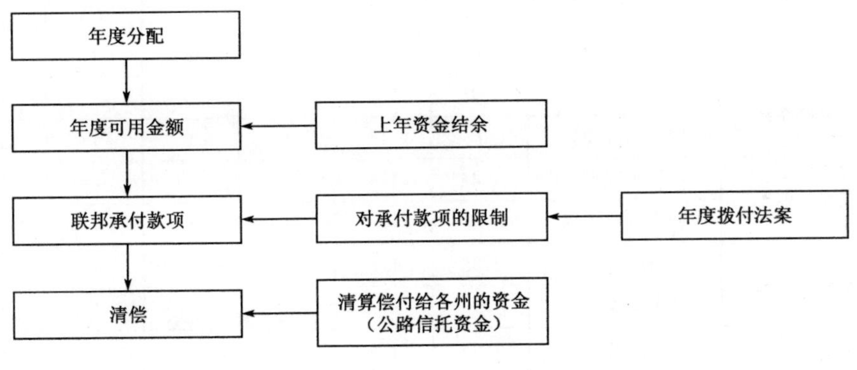

图 2-3　合约授权的流程

（二）资金分配

1. 分配前的扣减

在 TEA-21 法案时期，资金分配前要预先扣减行政管理费、城市规划费等相关费用。

1)行政管理费

TEA-21 法案中规定,在以下公路项目资金中,可以提取不超过总额 5% 的行政管理费:州际公路养护、国家公路系统、陆路运输、缓解拥堵和改善空气质量、公路桥梁项目。

行政管理费主要用于联邦公路管理局的人员工资、交通费、办公费。此外,国会也从行政管理费中提取资金投资一些其他项目,如 1999 年国会从行政管理费中提取 75 万美元用于总督察办公室(OIG)的审计,提取 200 万美元用于阿巴拉契亚地区委员会的管理费用。

2005 年的 SAFETEA-LU 法案规定,对公路项目和阿巴拉契亚发展公路系统有关的行政支出进行独立授权,而不在从项目中提取。表 2-1 和表 2-2 列出了 TEA-21 法案时期各项费用的提取情况。

TEA-21 法案时期管理费用提取情况(%) 表 2-1

提取项(FROM)	投资项(FOR)	1998 年	1999 年	2000 年	2001 年	2002 年	2003 年
州际公路养护	行政管理	1.45	1.5	—	—	—	—
	城市运输规划	1	1	1	1	1	1
国家公路系统	行政管理	1.45	1.5	—	—	—	—
	城市运输规划	1	1	1	1	1	1
陆路运输	行政管理	1.45	1.5	—	—	—	—
	城市运输规划	1	1	1	1	1	1
公路桥梁项目	行政管理	1.45	1.5	—	—	—	—
	城市运输规划	1	1	1	1	1	1
缓解公路拥堵和改善空气质量	行政管理	1.45	1.5	—	—	—	—
	城市运输规划	1	1	1	1	1	1
最低保障金	行政管理	1.45	1.5	—	—	—	—
阿巴拉契亚发展公路系统	行政管理	1.45	1.5	—	—	—	—
联邦土地公路项目	行政管理	1.45	1.5	—	—	—	—
休闲道路项目	行政管理	1.45	1.5	—	—	—	—

2）城市规划费

提取城市规划费，是为投资城市运输规划活动。提取比例为行政管理费提取后剩余资金的1%。提取范围：州际公路养护、国家公路系统、陆路运输、缓解拥堵和改善空气质量、公路桥梁项目。所提取的资金分配给各州，由城市规划机构使用。在 SAFETEA-LU 法案中，城市规划费提取比例提高到了1.25%。

TEA-21 法案时期相关费用提取情况（单位：百万美元）　　表2-2

提取项目（FROM）	投资项目（FOR）	1998年	1999年	2000年	2001年	2002年	2003年
州际公路养护	州际公路养护自行决定项目	50	100	100	100	100	100
国家公路系统	地方公路项目	36.4	36.4	36.4	36.4	36.4	36.4
	阿拉斯加公路项目	18.8	18.8	18.8	18.8	18.8	18.8
陆路运输	消减交通事故培训项目	0.5	0.5	0.5	0.5	0.5	0.5
	消除高铁通道公铁立交危险性项目	5.25	5.25	5.25	5.25	5.25	5.25
	公路技能培训	10	10	10	10	10	10
	就业培训服务项目	10	10	10	10	10	10
公路桥梁项目	桥梁自行决定项目	25	100	100	100	100	100
缓解公路拥堵和改善空气质量	CMAQ 效果评价研究项目	—	0.5	0.5	—	—	—
联邦土地公路项目	印第安居住区公路桥梁	13	13	13	13	13	13

3）其他费用

除以上两项费用外，也会由于特殊目的而提取一些费用。如每年从陆路运输项目资金中提取50万美元、用于消减交通事故培训，提取525万美元投资消除高铁通道公铁立交危险性项目。

2. 资金分配方式

在相关费用扣减后，其余资金由联邦运输部根据法定公式和相关程序进行分配。

1)法定公式分配

依据法定公式进行的资金分配,通常在每个财年的第一天(每年10月1日)进行。法定公式分配的资金也可用于交通运输能力提升项目。表2-3列出了TEA-21法案时期的分配公式。

TEA-21法案时期投资基金各州分配公式 表2-3

<table>
<tr><th>计划项目</th><th>因素</th><th>权重(%)</th><th>最低保障额</th></tr>
<tr><td rowspan="3">州际公路养护(IM)</td><td>车道里程</td><td>33.33</td><td rowspan="3">IM与NHS总和的0.5%</td></tr>
<tr><td>行驶量</td><td>33.33</td></tr>
<tr><td>对基金公路账户的贡献率</td><td>33.33</td></tr>
<tr><td rowspan="4">国家公路系统(NHS)</td><td>公路主干线(州际公路除外)车道里程</td><td>25</td><td rowspan="4">IM与NHS总和的0.5%</td></tr>
<tr><td>公路主干线(州际公路除外)行驶量</td><td>35</td></tr>
<tr><td>柴油燃料消耗</td><td>30</td></tr>
<tr><td>人均主干线车道里程</td><td>10</td></tr>
<tr><td rowspan="3">陆路运输项目(STP)</td><td>联邦投资公路车道里程</td><td>25</td><td rowspan="3">0.5%</td></tr>
<tr><td>联邦投资公路行驶量</td><td>40</td></tr>
<tr><td>对基金公路账户的贡献率</td><td>35</td></tr>
<tr><td>桥梁项目(Br)</td><td>占该项目投资总额的比例</td><td>100</td><td>0.25%
(最高10%)</td></tr>
<tr><td>缓解拥堵和改善空气质量项目(CMAQ)</td><td>未达标地区人口占比</td><td>100</td><td>0.5%</td></tr>
<tr><td rowspan="2">休闲道路项目</td><td>各州相同的份额</td><td>50</td><td rowspan="2">—</td></tr>
<tr><td>上年非公路休闲燃料</td><td>50</td></tr>
<tr><td>城市交通规划</td><td>未城市化地区人口</td><td>100</td><td>0.5%</td></tr>
<tr><td>最低保证金</td><td>—</td><td>100</td><td>100万美元</td></tr>
</table>

在资金分配完成后,联邦运输部给各州交通运输管理部门发布通知,说明各项目确切的金额和各州获得的具体数额,以便各州提出资金申请。但各州申请的不是现金而是额度。资金一旦分配,就必须兑现,除非国会另有规定或超过了法定使用期限。

2）非法定公式分配

虽然绝大部分公路项目的资金分配，由法定公式确定，但仍有一类项目的分配无须法定公式。这类项目资金分配，可在每个财政年度内的任一时间内进行。表2-4列出了TEA-21法案时期非法定公式下的资金分配情况。

TEA-21法案时期非法定公式资金分配情况（单位：百万美元） 表2-4

项　目	1998年	1999年	2000年	2001年	2002年	2003年	合　计
联邦土地公路项目	536	706	706	706	706	706	4 066.00
公路局数据统计	31	31	31	31	31	31	186
公路使用税逃税	10	5	5	5	5	5	35
优先实施项目	1 029.58	1 403.98	1 684.77	1 684.77	1 778.37	1 778.37	9 359.85
威尔逊桥梁项目	25	75	150	200	225	225	900
州际公路养护项目	50	100	100	100	100	100	550
地方公路	36.4	36.4	36.4	36.4	36.4	36.4	218.4
阿拉斯加州公路	18.8	18.8	18.8	18.8	18.8	0	94
消除高铁通道公铁立交危险性	5.25	5.25	5.25	5.25	5.25	5.25	31.5
公路技能培训项目	10	10	10	10	10	10	60
就业培训计划	10	10	10	10	10	10	60
桥梁项目	25	100	100	100	100	100	525
国家走廊规划及边境基础设施	0	140	140	140	140	140	700
渡轮建造渡口建设	30	38	38	38	38	38	220
国家景区公路	23.5	23.5	24.5	24.5	25.5	26.5	148
收费价格试点	0	7	11	11	11	11	51
波多黎各公路	110	110	110	110	110	110	660
其他研究项目	13.588	73.231	44.063	25	18.8	17.3	191.982
磁悬浮交通应用	0	15	20	25	0	0	60
运输社区体制保护	0	20	25	25	25	25	120
使用安全带奖励金	0	82	92	102	112	112	500
交通融资与革新	0	80	90	110	120	130	530
陆路运输研究项目	96	97	97	98	101	103	592
技术研发项目	35	35	40	45	45	50	250
教育和培训	14	15	16	18	19	20	102
智能交通标准研究	95	95	98.2	100	105	110	603.2
智能交通技术研发	101	105	113	118	120	122	679
美国道路资源中心	25.65	25.65	27.25	27.25	26.5	26.5	158.8
合计	2 331.27	3 463.81	3 844.24	3 924.47	4 043.12	4 048.82	21 655.73

这类项目资金的分配,在大多数情况下依据一定的法定标准,还有一些是由联邦运输部选定项目。由于资金有限,在一些年份并不能保证每个州都能获得相应的投资。如果获得投资的州未能在规定期限内使用,将被收回而重新分配。

3)特定用途的资金

预算授权法案规定,一些资金必须保证特定用途,如州交通运输规划与研究、交通安全提升等。

(1)**州交通运输规划与研究**。如联邦投资项目(州际公路养护 IM、国家公路系统 NHS、陆路运输 STP、缓解拥堵和改善空气质量 CMAQ、公路桥梁 HBRRP)的 1/4 用于研发和技术转让,3/4 用于规划。

(2)**交通安全提升**。从陆路运输项目(STP)中提取 10%,用于交通安全建设项目;另提取 10% 用于交通运输提升活动。后者覆盖面较宽,主要包括:美化、景观或有重要历史意义的公路项目;交通运输博物馆的建设;行人和自行车交通安全教育及设施建设等。

4)相关处罚

为了强化对资金的管理,法律允许联邦运输部在一定情况下限制各州资金的使用,如各州在出现违反法律的行为时,就可以采用限制措施。可采取的限制措施包括:

(1)**资金扣留**。如出现违反最低饮酒年龄法、禁止酒后驾车法律、运营司机许可证法等行为。如果在限期内完成整改仍可继续使用。

(2)**改变资金用途**。如未加强驾车安全带的管理。该部分资金转用于州内其他项目。

(3)**资金冻结**。如未按规定维护联邦投资的项目。

(三)支出承诺

1. 关键环节

支出承诺是指联邦政府向各州承诺支出公路项目成本中联邦承担的份

额，是资金使用中的一个关键环节。对于合约授权的项目，通常在这一环节对授权资金加上一个限制，以加强对预算支出的控制。

2. 联邦的份额

大多数公路项目，联邦政府并不承担全部投资，而是承担一定的份额（其余资金由州和地方政府配套）。一般情况下，联邦政府承担 80% 的份额。表 2-5 列出了联邦投资的份额情况。

TEA-21 法案时期联邦公路投资的份额及使用年限　　表 2-5

项　　目	联邦份额（%）	使用年限
州际公路养护（IM）	90	4
自由裁量的州际公路养护（IM）	90	直到用完止
国家公路系统（NHS）	80	4
阿拉斯加州公路	100	直到用完止
地方公路	100	4
陆路运输项目（STP）	80	4
安全设施	90	4
交通运输能力提升（TE）	80	4
公路桥梁项目（HBRRP）	80	4
自由裁量的桥梁项目	80	4
缓解拥堵和改善空气质量项目（CMAQ）	80	4
联邦土地公路项目（FLHP）	100	4
应急项目（ER）	80 ~ 100	直到用完止
使用安全带奖励金	80	直到用完止
阿巴拉契亚发展公路系统	80	直到用完止
休闲道路项目	80	4
国家走廊规划及边境基础设施	80	4
景区公路	80	直到用完止
渡轮建造和渡口基础设施建设	80	直到用完止
收费价格试点	80	44
公路使用税逃税	100	4
运输、社区和系统保护项目（TCSP）	100	4
威尔逊桥梁项目	80 ~ 100	直到用完止

续上表

项　　目	联邦份额(%)	使用年限
优先实施项目	80	直到用完止
智能交通技术研发	80～100	直到用完止
智能交通应用	50～80	直到用完止
陆路运输研究项目	80～100	直到用完止
技术应用	80～100	直到用完止
州的运输规划	80	4
城市交通规划	80	4
最低保障金	80	4

但也有一些项目例外，主要包括：州际公路养护项目(IM)、“滑动”比例项目、100%投资的项目、“锥形”配套项目。

(1)**州际公路养护项目**(IM)。联邦投资份额为90%，主要因为国家公路系统(NHS)、陆路运输项目(STP)和缓解交通拥堵和改善空气质量项目(CMAQ)的资金也用到了该项目上。如该项目需要增加车道，则联邦投资份额将会恢复到80%的水平。

(2)**“滑动”比例项目**。大量联邦土地所在的州，其项目获得的份额根据联邦土地面积的占比而定，最高不超过95%。

(3)100%**投资的项目**。一些项目联邦100%投资。如联邦土地公路项目(FLHP)、应急项目(ER)、公路使用税逃税项目等。

(4)**“锥形”配套项目**。一些项目被批准可以采用特殊的进度付款的方式给予。在这种方式下，联邦份额随进度不断增加，但不能超过最高限制。

(四)资金使用

1.统筹使用

对项目实施过程中存在的各种不同具体需求以及项目实施存在先后序列等问题，预算授权法案允许对一定比例的资金进行灵活使用，即允许资金在一定的项目间统筹使用。表2-6列出了有关公路资金统筹使用的相关规定。

有关联邦公路投资资金统筹使用的相关规定　　表 2-6

<table>
<tr><th colspan="2">项　　目</th><th>相关规定</th></tr>
<tr><td colspan="2" rowspan="3">州际公路养护(IM)</td><td>最高可将 50% 用于 NHS、STP、CMAQ、HBRRP 和休闲道路</td></tr>
<tr><td>经联邦运输部批准,可将超过 50% 部分用于 NHS 或 STP 项目</td></tr>
<tr><td>任何转用于 STP 项目的资金不能用于 STP 特定用途和细分</td></tr>
<tr><td colspan="2" rowspan="3">国家公路系统(NHS)</td><td>最高可将 50% 用于 IM,STP、CMAQ、HBRRP 和休闲道路项目</td></tr>
<tr><td>经联邦运输部批准,最高可将 100% 转用于 STP 项目</td></tr>
<tr><td>转用于 STP 项目的资金都不能用于 STP 特定用途和细分</td></tr>
<tr><td rowspan="4">陆路运输项目(STP)</td><td>能力提升(TE)</td><td>最高可将 25% 用于 IM、CMAQ、NHS、HBRRP 和休闲道路</td></tr>
<tr><td rowspan="2">交通安全</td><td>1991 年用于消减灾害和公铁交叉项目的资金不能转用</td></tr>
<tr><td>最高可将 25% 用于 IM、CMAQ、NHS、HBRRP 和休闲道路</td></tr>
<tr><td>地区间再分配</td><td>人口在 20 万及以下地区、人口在超过 20 万的城市不能转用</td></tr>
<tr><td colspan="2" rowspan="3">公路桥梁项目(HBRRP)</td><td>最高可将 50% 用于 IM、NHS、STP、CMAQ 和休闲道路项目</td></tr>
<tr><td>预留用于桥梁关闭系统的资金不能转用</td></tr>
<tr><td>转用于 STP 项目的资金都不能用于 STP 特定用途和细分</td></tr>
<tr><td colspan="2" rowspan="2">缓解拥堵和改善空气质量项目(CMAQ)</td><td>最高可将 50% 用于 STP、NHS、IM、HBRRP 和休闲道路项目</td></tr>
<tr><td>转用于 STP 项目的资金都不能用于 STP 特定用途和细分</td></tr>
<tr><td colspan="2" rowspan="2">休闲道路项目</td><td>最高可将 50% 用于 IM、NHS、STP、CMAQ 和 HBRRP 项目</td></tr>
<tr><td>转用于 STP 项目的资金都不能用于 STP 特定用途和细分</td></tr>
<tr><td colspan="2">城市交通规划</td><td>不能转用</td></tr>
</table>

2. 使用期限

大部分公路项目资金使用期限为 4 年,即授权的当年及随后的 3 年。例如:2006 年国家公路系统项目资金在 2006 财年初授权使用,一直可以用到 2009 年底。但也有一些项目(如公路优先项目),不设置使用期限,直到用完为止(见表 2-5)。

(五)资金承付

联邦政府对公路项目的资金承付,不是采用预付款的方式而是报销。即使资金已经分配给了各州,在项目启动之前仍没有款项实际支付,各州只是被通知他们已经有了资金使用额度。待项目启动后,联邦政府才为项目支出予以支付,并且支付的只是联邦承担的份额。

资金支付的流程包括以下6个步骤:

第一步:承包人已经完成了一定的工作量;

第二步:承包人将报销单据提交给州运输管理部门,州运输管理部门对报销单据进行审核;

第三步:州运输管理部门将报销单据及凭证,通过电子账户提交给联邦运输部审批(审批时限一般为5个工作日);

第四步:联邦运输部提出资金支付申请;

第五步:资金支付申请提交给财政部;

第六步:财政部通过电子账户、将清偿资金拨付到州运输管理部门银行账户。资金到账的当天即可支付承包人。

三、预算执行机制

1974年《预算与扣留控制法》制定了国会的预算执行机制:量入为出原则(pay-as-you-go)、自主支出预算上限和防火墙规则(discretionary caps/firewall)及储备基金(reserve fund),以此联邦政府预算支出进行约束和控制。此后,1985年《平衡预算和赤字控制法》和1990年《预算执行法》对量入为出原则、自主支出预算上限和防火墙规则进行了修改和完善。

(一)预算控制机制——伯德检验

公路项目的主要资金来源——公路信托基金具有一个重要特征,即其遵循"量入为出(pay-as-you-go)"的使用原则。为实现"量入为出"原则,国会为公路信托基金(公路账户)设置了一个支出控制机制—伯德修正案(Byrd Amendment)或称伯德检验(Byrd Test)。

伯德检验以参议院议员哈里·福特·伯德的名字命名。在1956年《公路收入法案》讨论期间,针对信托基金可能出现的偿付问题,伯德提出了修正措施:将现在和未来的收入与计划支出对比,如不匹配、要调整公路项目支出。伯德检验的具体要求,自 1956 年以来,已经进行了多次修正。最近的修正体现在 SAFETEA-LU 法案中。

1982《陆路运输资助法案(STAA)》修正的伯德检验规定:未支付的计划支出必须要低于未来 2 年的可预期收入总额。如:为判定 1999 财年的财务状况,在 1998 财年末财政部必须作出判断:1998 财年底的基金账户余额加上 1999 年、2000 年和 2001 年的可预期收入,是否大于 1999 财年的计划支出加上 1998 财年底的欠款二者的总额。如果二者不能相抵,1999 财年所有基金的计划支出将会按比例消减。

最近的伯德检验版本,将未来收入的计算期限延长到 4 年。在公路信托基金的发展史上,伯德检验启动过两次。第一次是消减了 1961 财年州际公路建设项目的支出额;第二次是消减了 2004 财年所有基金的公路项目计划支出额。伯德检验在未来何时再启动,无法预测。

事实上,伯德检验并未真正取得预期的效果。近年来的研究表明,公路信托基金(公路账户)曾多次出现资金亏空,而修正案并未启动。

(二)预算控制机制——支出限额

1. 支出设限

公路项目资金具有的合约预算授权特点,使公路项目的现金流难以直接受拨款程序的控制。拨款程序的一个重要功能就是对预算资金的需求和支出效果进行评估,是对预算进行控制的有效措施。但由于公路项目资金跨年度授权和使用,使得公路项目规避了每年对资金使用情况的检查,弱化了预算的控制。

1974 年的《国会预算与扣留控制法案》,为预算资金的控制制定了一个规范程序。程序对公路项目的预算控制采用了设置限额的方式。即:在每年公路项目的总支出上设置上限,通过控制每年的总支出,使公路项目预算更加符合联邦预算要求。

国会对项目支出设置限额是通过立法的方式,经常会在拨款法案中体现,因为限额是预算控制的一种形式。但也会体现在一些其他的法案中,如陆路运输授权法案。在每年的总统预算提案中,都会为公路项目支出建议一个限额,国会会考虑但不一定采纳。

对公路项目而言,设置支出限额,并不意味着对分配资金额度的缩减。当一个州已经接受了法案授权的资金分配,被限制的部分只是分配资金中未承诺可支出的数额,这一数额将在指定年份授权支出。

虽然限额控制了各州可实际使用的资金数额,但却给了各州在资金使用方面更多的灵活性。各州可以将各种项目资金最佳地组合在一起,在总额度内根据实际需要投资到每类项目中去。而在一个财年未用完的资金可以结转到下一年度继续使用。

总之,公路项目通过合约授权受到了一个特别的考虑,即允许基于授权法案进行支出,并不受每年预算收入调整的影响。为了控制公路项目支出,国会对每年公路项目支出设置了限额。支出限额可以由政府建议,但必须要由国会批准才能生效。

支出限额并未消减公路项目总的资金分配额度,只是降低了可支出比率,但却导致了一些自由裁量项目授权资金的永久性损失。那些被"砍掉的"部分,并未从整体公路项目中损失,它们会被以"法定公式"分配的方式分配给各州。

2. 限额分配

支出限额在各项目间以及州之间的分配,通常需要多个步骤分步设定。如 TEA-21 法案对 1999 年公路项目总的支出限额锁定为 255.11 亿美元,其分配情况见表 2-7。

授权法案规定,除突发事件处理(每年 6.39 亿美元以及 1998 年以前的特定项目资金)外,其他所有项目均设置支出限额。在年度分配支出限额时,通常要预先为联邦运输部(或其他相关机构)的行政支出和其他特定支出专门预留出一部分。并且在随后的分配环节中,都要考虑为一些特定项目预留出一定的额度。表2-8列出了1999年度部分项目的支出限额情况。

支出限额分步确定流程

表2-7

<table>
<tr><td rowspan="2">步骤</td><td rowspan="2">项　目</td><td rowspan="2">1999财年总计</td><td>1999年
预算授权</td><td>1999年
支出限额</td></tr>
<tr><td>29 307 465 237</td><td>25 511 000 000</td></tr>
<tr><td rowspan="4">初始</td><td rowspan="4">豁免</td><td>豁免项目</td><td>100 000 000</td><td>—</td></tr>
<tr><td>应急项目</td><td>639 000 000</td><td>—</td></tr>
<tr><td>最低保障金项目</td><td>739 000 000</td><td>—</td></tr>
<tr><td>设限总额</td><td>28 568 465 237</td><td>25 511 000 000</td></tr>
<tr><td rowspan="6">第一步</td><td rowspan="6">预留额度</td><td>行政管理费</td><td>3 999 916 011</td><td>3 247 670 002</td></tr>
<tr><td>项目结转</td><td>—</td><td>13 500 000</td></tr>
<tr><td>GOE 项目结转</td><td>—</td><td>10 524 546</td></tr>
<tr><td>逃税项目</td><td>5 000 000</td><td>5 000 000</td></tr>
<tr><td>运输部统计支出</td><td>31 000 000</td><td>31 000 000</td></tr>
<tr><td>合计</td><td>435 991 601</td><td>384 791 546</td></tr>
<tr><td>第二步</td><td>为自行确定项目预留额度</td><td>自行确定项目</td><td>—</td><td>298 544 100</td></tr>
<tr><td rowspan="2">第三步</td><td rowspan="2">确定支出限额率</td><td>第一、二步后的剩余资金</td><td>28 132 473 636</td><td>24 827 664 354</td></tr>
<tr><td>限额率</td><td>88.25%</td><td>88.30%</td></tr>
<tr><td rowspan="5">第四步</td><td rowspan="5">基于限额率为“无期限”项目预留额度</td><td>最低保障金项目</td><td>2 000 000 000</td><td>2 000 000 000</td></tr>
<tr><td>优先应用项目</td><td>1 403 977 500</td><td>1 239 712 133</td></tr>
<tr><td>阿巴拉契亚公路系统</td><td>443 250 000</td><td>391 389 750</td></tr>
<tr><td>威尔逊桥梁项目</td><td>75 000 000</td><td>66 225 000</td></tr>
<tr><td>合计</td><td>3 922 227 500</td><td>3 697 326 883</td></tr>
<tr><td>第五步</td><td>基于限额率为自行确定项目预留额度</td><td>自行确定项目</td><td>1 938 241 000</td><td>1 706 412 677</td></tr>
<tr><td rowspan="2">第六步</td><td rowspan="2">剩余额度分配</td><td rowspan="2">分配给各州</td><td rowspan="2">22 272 005 136</td><td>19 423 924 795</td></tr>
<tr><td>87.21%</td></tr>
</table>

1999 年度部分项目的支出限额情况 表 2-8

自行决定项目支出限额	1999 年合约授权	支出限额率	1999 年支出限额
州际公路养护	100 000 000	88.30%	88 300 000
地方公路	36 400 000	88.30%	32 141 200
阿巴拉契亚发展公路系统	18 800 000	88.30%	16 600 400
救援项目	500 000	88.30%	441 500
高速公路	5 250 000	88.30%	4 635 750
公路技能培训	10 000 000	88.30%	8 830 000
就业培训	10 000 000	88.30%	8 830 000
公路桥梁	100 000 000	88.30%	88 300 000
CMAQ 效果评估	500 000	88.30%	441 500
国家走廊规划及边境基础设施	140 000 000	88.30%	123 620 000
渡轮建造和渡口基础设施建设	38 000 000	88.30%	33 554 000
国家景观公路	23 500 000	88.30%	20 750 500
收费价格试点	7 000 000	88.30%	6 181 000
波多黎各州公路项目	104 276 188	88.30%	92 075 874
联邦土地公路项目	695 410 000	88.30%	614 047 030
其他各种科研项目	73 231 000	88.30%	64 662 973
磁悬浮交通应用	15 000 000	88.30%	13 245 000
运输、社区及体制保护	20 000 000	88.30%	17 660 000
使用安全带奖励金	82 000 000	88.30%	72 406 000
交通基础设施融资与革新	80 000 000	88.30%	70 640 000
陆路运输研究	97 000 000	88.30%	85 651 000
技术应用	35 000 000	88.30%	30 905 000
教育培训	15 000 000	88.30%	13 245 000
智能交通研发	95 000 000	88.30%	83 885 000
智能交通应用	105 000 000	88.30%	92 715 000
大学交通运输研究	25 650 000	88.30%	22 648 950
合计	1 938 241 000		1 706 412 677

（三）预算保护机制——预算“防火墙”

1.“防火墙”规则

1990年的《预算执行法案》（BEA1990）建立了一个多年的预算赤字消减目标和基本支出控制框架。据此，政府支出分为：法定支出和自主支出两类，对此通过拨款程序加以控制。

（1）法定支出。包括发给失业者或贫民的粮票、社会保障、医疗保险、退伍军人福利等福利项目的支出，也包括政府债务利息支出、非福利项目如国家森林保护支出。陆路运输项目中，紧急救援项目（每年1亿美元）和公平奖励金项目（每年6.39亿美元）属于法定支出项目。法定支出占每年联邦预算总支出的2/3。

（2）自主支出。指受拨款程序控制的项目支出。国会可以通过消减每年项目的拨款、消减项目或施加限额的方式控制支出。大部分的自主支出项目，包括在联邦政府的11个拨款提案中。在联邦政府中，涉及自主支出的部门主要包括：国防部、联邦调查局、国内税务局、环境保护局和运输部。自主支出占每年联邦预算总支出的1/3。

1990年的《预算执行法案》（BEA1990），为每年的自主支出设置了一个上限。在支出上限范围内，国会必须调整每个或全部项目的支出上限，以使总支出不超过上限。

在各类自主支出项目中，某些项目的支出受到预算“防火墙”的保护。“防火墙”是以分割支出上限的形式保护项目，防止因增加一些项目的支出而消减另一些项目的支出。因此，对任何一个被“防火墙”保护项目的消减都意味着政府赤字的消减。

TEA-21法案在公路项目、公共交通项目和其他自主支出类项目之间建立了“防火墙”（有效期1999～2003年）。国会的“防火墙”规则于2002财年结束时已到期失效。但SAFETEALU法案为公路项目和公共交通项目建立了一个新的“防火墙”（有效期2005～2009年）。

2. 最低保障水平

除各类“防火墙”外，TEA-21 法案和 SAFETEA-LU 法案都为项目提供了一个最低保护措施，即以一种议程限制的形式提供一个有保障的资金使用水平。SAFETEA-LU 法案授权了 2005 ~ 2009 年 5 年至少有 2 440 亿美元可用资金，其中：公路项目 1 990 亿美元，公共交通项目 450 亿美元(见表 2-9)。

SAFETEA-LU 法案授权的最低资金保障水平(单位：百万美元)　　表 2-9

防　火　墙	2005	2006	2007	2008	2009	总　计
公路类：	35 165	37 220	39 461	40 824	42 470	195 140
公路项目支出限额	34 423	36 032	38 244	39 585	41 200	189 484
运输安全项目	443	495	517	528	541	2 524
运输安全管理	299	693	700	711	729	3 132
公共交通类：	7 646	8 623	8 975	9 731	10 338	45 313
自主支出类合计：	42 811	45 843	48 436	50 555	52 808	240 453
法定支出：	739	739	739	739	739	3 695
紧急救援项目	100	100	100	100	100	500
公平奖励金项目	639	639	639	639	639	3 195
总计	43 550	46 582	49 175	51 294	53 547	244 148

(四)预算保护机制——与收入相关联的预算授权

为公路项目提供的最低资金保障数额，是依据公路信托基金(公路账户)未来收入的预测得出的。根据 SAFETEA-LU 法案，从 2007 财年开始，公路项目的最低保障数额，将根据实际收入情况进行调整。随着最低保障数额的调整，支出限额和预算授权进行同等幅度的调整。预算授权的调整，被称为“与实际收入相关联的预算授权”(RABA，始于 2000 年)，这个称谓通常指整个的调整过程。

具体调整的过程是：如在提交的 2007 年度预算中，联邦运输部需要对 2005 年度公路账户的实际收入与 SAFETEA-LU 法案中 2005 年的预测收入进行比较以及对 2006 年度财政部给予公路账户修订的收入与 SAFETEA-LU

法案中2006年的预测收入进行比较。多出的数额为1 684 508 333美元，其中一半（842 254 167美元）加到2007年度的预算中，另一半将会加到2008年度的预算中。如果是负调整，在公路账户余额超过60亿美元的情况下，则不会实施。

（五）预算保护机制——最低保障金制度

为了确保资金分配的公平性以及解决一些州税收缴纳多而获得投资少的问题，TEA-21法案建立了最低保障金制度。最低保障金制度体现了三个主要理念：

（1）**确保每个州都能获得法定公式分配的全部项目的一定份额。**这些项目包括：州际公路养护（IM）、国家公路系统（NHS）、路桥项目、陆路运输（STP）、公路安全改进（HSIP）、缓解拥堵和改善空气质量（CMAQ）、大都会规划、阿巴拉契亚发展公路系统、安全上学通道研究、公铁立交、边界基础设施、公平奖励、特别优先项目。

（2）**确保每个州能够至少获得其对基金贡献份额90.5%的投资。**如亚利桑那州在1997年的贡献是1.7821%，这样在1999年该州确保至少获得1.6119%（1.7821%×90.5%）的投资份额。如果达不到90.5%，其他州的份额将会消减，直到满足这一要求为止。

（3）**设置最低保障金“账户”。**每个州每年至少能够从中获得100万美元的投资。最低保障金“账户”不封顶，以便最低保障金“账户”有充分的资金确保实现最低保障。

SAFETEA-LU法案从而设置公平奖励金（equity bonus）替代了TEA-21的最低保障金，使其更具公平性。公平奖励金机制提出了以下三点要求：一是确保各州缴纳的返还比例由2005年的90.5%至少提高到2008年的92%；二是不论各州缴纳的数量多少，确保联邦对各州的投资将高于TEA-21的投资水平；三是确保部分选定的州得到一定数量的投资资金和优先项目，且资金总额和项目数不少于TEA-21法案的数量。

附件 1：

SAFETEA-LU 公路项目的预算授权

项目(单位:美元)	2005 年	2006 年	2007 年	2008 年	2009 年	总　计
一、公路项目类						
州际公路养护 IM	4 883 759 623	4 960 788 917	5 039 058 556	5 118 588 513	5 199 399 081	25 201 594 690
国家公路系统 NHS	5 911 200 104	6 005 256 569	6 110 827 556	6 207 937 450	6 306 611 031	30 541 832 710
公路桥梁项目	4 187 708 821	4 253 530 131	4 320 411 313	4 388 369 431	4 457 421 829	21 607 441 525
陆路运输项目	6 860 096 662	6 269 833 394	6 370 469 775	6 472 726 628	6 576 630 046	32 549 756 505
缓解拥堵和空气质量改善项目	1 667 255 304	1 694 101 866	1 721 380 718	1 749 098 821	1 777 263 247	8 609 099 956
公路安全提升项目	—	1 235 810 000	1 255 709 322	1 275 929 067	1 296 474 396	5 063 922 785
阿巴拉契亚地区公路发展系统	470 000 000	470 000 000	470 000 000	470 000 000	470 000 000	2 350 000 000
休闲公路项目	60 000 000	70 000 000	75 000 000	80 000 000	85 000 000	370 000 000
印第安部落公路	300 000 000	330 000 000	370 000 000	410 000 000	450 000 000	1 860 000 000
公园公路和绿化公路	180 000 000	195 000 000	210 000 000	225 000 000	240 000 000	1 050 000 000
避难公路	29 000 000	29 000 000	29 000 000	29 000 000	29 000 000	145 000 000
公共土地公路	260 000 000	280 000 000	280 000 000	290 000 000	300 000 000	1 410 000 000
国家边境基础设施提升项目	194 800 000	389 600 000	487 000 000	487 000 000	389 600 000	1 948 000 000
边境基础设施项目	123 000 000	145 000 000	165 000 000	190 000 000	210 000 000	833 000 000
国家景观公路项目	26 500 000	30 000 000	35 000 000	40 000 000	43 500 000	175 000 000
渡轮建造和渡口基础设施建设	38 000 000	55 000 000	60 000 000	65 000 000	67 000 000	285 000 000
波多黎各公路项目	115 000 000	120 000 000	135 000 000	145 000 000	150 000 000	665 000 000

续上表

项目(单位:美元)	2005 年	2006 年	2007 年	2008 年	2009 年	总　计
国家和地区性的重点项目	177 900 000	355 800 000	444 750 000	444 750 000	355 800 000	1 779 000 000
优先实施项目	2 966 400 000	2 966 400 000	2 966 400 000	2 966 400 000	2 966 400 000	14 832 000 000
安全上学路线	54 000 000	100 000 000	125 000 000	150 000 000	183 000 000	612 000 000
磁悬浮交通应用(STA)	—	15 000 000	15 000 000	30 000 000	30 000 000	90 000 000
国家走廊规划及边境基础设施	140 000 000	—	—	—	—	140 000 000
LIFE 公路项目	—	15 000 000	20 000 000	20 000 000	20 000 000	75 000 000
公路使用税逃税项目	5 000 000	44 800 000	53 300 000	12 000 000	12 000 000	127 100 000
行政管理支出	353 024 000	370 613 540	389 079 500	408 465 500	423 717 640	1 944 900 180
救生项目	—	560 000	560 000	560 000	560 000	2 240 000
消除高铁通道公铁立交危险性	—	7 250 000	10 000 000	12 500 000	15 000 000	44 750 000
公平奖励金项目	7 427 696 192	6 872 700 073	8 326 692 870	9 175 197 452	9 093 265 575	40 895 552 163
运输、社区和体制保护项目	25 000 000	61 250 000	61 250 000	61 250 000	61 250 000	270 000 000
印第安保留区公路桥梁项目	14 000 000	14 000 000	14 000 000	14 000 000	14 000 000	70 000 000
货车停车场设施建设项目	—	6 250 000	6 250 000	6 250 000	6 250 000	25 000 000
改进多式联运设施	6 000 000	6 000 000	6 000 000	6 000 000	6 000 000	30 000 000
德尔塔地区交通发展项目	—	10 000 000	10 000 000	10 000 000	10 000 000	40 000 000
收费设施场所安全研究	—	500 000	—	—	—	500 000
安全带使用奖励金	112 000 000	—	—	—	—	112 000 000
禁止酒后驾车安全奖励金	110 000 000	—	—	—	—	110 000 000

续上表

项目(单位:美元)	2005 年	2006 年	2007 年	2008 年	2009 年	总　计
作业区安全奖励金	—	5 000 000	5 000 000	5 000 000	5 000 000	20 000 000
国家工作区安全票据交换所	—	1 000 000	1 000 000	1 000 000	1 000 000	4 000 000
公路安全项目	—	500 000	500 000	500 000	500 000	2 000 000
自行车和行人奖励金	300 000	500 000	500 000	500 000	500 000	2 300 000
交通基础设施融资与创新修正案	122 000 000	122 000 000	122 000 000	122 000 000	122 000 000	610 000 000
收费价格试点项目	11 000 000	12 000 000	12 000 000	12 000 000	12 000 000	59 000 000
美国道路资源中心	1 500 000	3 000 000	3 000 000	3 000 000	3 000 000	13 500 000
国家古迹桥梁项目	—	10 000 000	10 000 000	10 000 000	10 000 000	40 000 000
印第安保护区额外预算授权	1 800 000	1 800 000	1 800 000	1 800 000	1 800 000	9 000 000
非机动车试点项目	—	25 000 000	25 000 000	25 000 000	25 000 000	100 000 000
消除种族歧视补助金项目	7 500 000	7 500 000	7 500 000	7 500 000	7 500 000	37 500 000
人行道标志系统演示项目	—	1 000 000	1 000 000	1 000 000	1 000 000	4 000 000
国家陆路运输政策和收入委员会	—	1 400 000	1 400 000	—	—	2 800 000
公路收费实地实验项目	—	2 000 000	3 500 000	3 500 000	3 500 000	12 500 000
德尔塔地区交通评价和需求项目	500 000	500 000	—	—	—	1 000 000
交通工程项目	255 523 600	511 047 200	638 809 000	638 809 000	511 047 200	2 555 236 000
Going-to-the-Sun 公路项目(STA)	10 000 000	10 000 000	10 000 000	10 000 000	10 000 000	50 000 000
五大湖智能交通应用	—	2 000 000	2 000 000	2 000 000	3 000 000	9 000 000
渥太华公司交通建设与维护	—	10 000 000	—	—	—	10 000 000

续上表

项目(单位:美元)	2005年	2006年	2007年	2008年	2009年	总　计
基础设施意识培养项目	1 500 000	1 450 000	—	—	—	2 950 000
迪纳利地区评价系统项目	—	15 000 000	15 000 000	15 000 000	15 000 000	60 000 000
I-95 康蒂路立体枢纽研究	—	1 000 000	—	—	—	1 000 000
多式联运设施提升项目	—	5 000 000	5 000 000	5 000 000	5 000 000	20 000 000
合计	37 108 964 306	38 127 741 690	40 447 148 610	41 824 631 862	41 981 990 045	199 490 476 514
二、交通运输研究类项目						
陆路运输技术研发和应用项目	196 400 000	196 400 000	196 400 000	196 400 000	196 400 000	982 000 000
教育和培训项目	26 700 000	26 700 000	26 700 000	26 700 000	26 700 000	133 500 000
运输统计局项目	27 000 000	27 000 000	27 000 000	27 000 000	27 000 000	135 000 000
大学交通研究项目	69 700 000	69 700 000	69 700 000	69 700 000	69 700 000	348 500 000
智能交通研究项目	110 000 000	110 000 000	110 000 000	110 000 000	110 000 000	550 000 000
智能交通应用项目	122 000 000	—	—	—	—	122 000 000
合计	551 800 000	429 800 000	429 800 000	429 800 000	429 800 000	2 271 000 000
三、其他项目						
预算消减	—	—	—	—	−8 543 000 000	−8 543 000 000
额外拨款	10 000 000	25 000 000	25 000 000	40 000 000	40 000 000	140 000 000
总计	37 660 764 306	38 557 541 690	40 876 948 610	42 254 431 862	33 868 790 045	193 218 476 514

附件 2：

SAFETEA-LU 自行决定项目的预算授权

项目(单位:美元)	2005 年	2006 年	2007 年	2008 年	FY 2009	总　计
州际公路养护项目	100 000 000	100 000 000	100 000 000	100 000 000	100 000 000	500 000 000
阿拉斯加州公路项目	30 000 000	30 000 000	30 000 000	30 000 000	30 000 000	150 000 000
地方公路项目	40 000 000	40 000 000	50 000 000	50 000 000	50 000 000	230 000 000
公路桥梁项目	100 000 000	—	—	—	—	100 000 000
桥梁设计项目	—	100 000 000	100 000 000	100 000 000	100 000 000	400 000 000
救生项目	560 000	560 000	560 000	560 000	560 000	2 800 000
消除高铁通道公铁立交危险性	5 250 000	7 250 000	10 000 000	12 500 000	15 000 000	50 000 000
就业培训服务	10 000 000	10 000 000	10 000 000	10 000 000	10 000 000	50 000 000
弱势企业计划培训	10 000 000	10 000 000	10 000 000	10 000 000	10 000 000	50 000 000
休闲道路研究、技术援助和培训	840 000	840 000	840 000	840 000	840 000	4 200 000
印第安保护区道路	300 000 000	330 000 000	370 000 000	410 000 000	450 000 000	1 860 000 000
公园道路和绿化道路	180 000 000	195 000 000	210 000 000	225 000 000	240 000 000	1 050 000 000
避难公路	29 000 000	29 000 000	29 000 000	29 000 000	29 000 000	145 000 000
公共土地公路	260 000 000	280 000 000	280 000 000	290 000 000	300 000 000	1 410 000 000
国家边境基础设施提升计划	194 800 000	389 600 000	487 000 000	487 000 000	389 600 000	1 948 000 000
国家景观公路项目	26 500 000	30 000 000	35 000 000	40 000 000	43 500 000	175 000 000
渡轮建造和渡口基础设施建设	38 000 000	55 000 000	60 000 000	65 000 000	67 000 000	285 000 000
波多黎各公路项目	115 000 000	120 000 000	135 000 000	145 000 000	150 000 000	665 000 000
国家和地区性的重点项目	117 900 000	355 800 000	444 750 000	444 750 000	355 800 000	1 779 000 000

续上表

项目(单位:美元)	2005 年	2006 年	2007 年	2008 年	FY 2009	总　计
优先项目	2 966 400 000	2 966 400 000	2 966 400 000	2 966 400 000	2 966 400 000	14 832 000 000
上学安全路线(行政管理费)	3 000 000	3 000 000	3 000 000	3 000 000	3 000 000	15 000 000
国家走廊规划及边境基础设施	140 000 000	—	—	—	—	140 000 000
LIFE 公路项目	—	15 000 000	20 000 000	20 000 000	20 000 000	75 000 000
公路使用者税逃税项目	5 000 000	44 800 000	53 300 000	12 000 000	12 000 000	127 100 000
运输、社区和体制保护	25 000 000	61 250 000	61 250 000	61 250 000	61 250 000	270 000 000
印第安保护区公路和桥梁	14 000 000	14 000 000	14 000 000	14 000 000	14 000 000	70 000 000
货车停车设施建设	—	6 250 000	6 250 000	6 250 000	6 250 000	25 000 000
货物多式联运分布试点项目	6 000 000	6 000 000	6 000 000	6 000 000	6 000 000	30 000 000
德尔塔地区交通发展项目	—	10 000 000	10 000 000	10 000 000	10 000 000	40 000 000
收费设施作业区安全研究	—	500 000	—	—	—	500 000
安全带使用安全奖励金	112 000 000	—	—	—	—	112 000 000
作业区安全奖励金	—	5 000 000	5 000 000	5 000 000	5 000 000	20 000 000
国家工作区安全票据交换所	—	1 000 000	1 000 000	1 000 000	1 000 000	4 000 000
道路安全项目	—	500 000	500 000	500 000	500 000	2 000 000
自行车和行人安全奖励金	300 000	500 000	500 000	500 000	500 000	2 300 000
交通基础设施融资与创新修正案	122 000 000	122 000 000	122 000 000	122 000 000	122 000 000	610 000 000
收费价格试点项目	11 000 000	12 000 000	12 000 000	12 000 000	12 000 000	59 000 000
美国道路资源中心	1 500 000	3 000 000	3 000 000	3 000 000	3 000 000	13 500 000
国家历史桥梁古迹项目	—	10 000 000	10 000 000	10 000 000	10 000 000	40 000 000

续上表

项目(单位:美元)	2005 年	2006 年	2007 年	2008 年	FY 2009	总　计
印第安保护区额外拨款授权	1 800 000	1 800 000	1 800 000	1 800 000	1 800 000	9 000 000
非机动化运输试点项目	—	25 000 000	25 000 000	25 000 000	25 000 000	100 000 000
消除种族歧视补助金项目	7 500 000	7 500 000	7 500 000	7 500 000	7 500 000	37 500 000
道路标志演示项目	—	1 000 000	1 000 000	1 000 000	1 000 000	4 000 000
国家陆路运输政策和收入研究委员会	—	1 400 000	1 400 000	—	—	2 800 000
公路收费实地测试	—	2 000 000	3 500 000	3 500 000	3 500 000	12 500 000
德尔塔地区交通评价和需求项目	500 000	500 000	—	—	—	1 000 000
交通工程	255 523 600	511 047 200	638 809 000	638 809 000	511 047 200	2 555 236 000
五大湖地区智能交通应用	—	2 000 000	2 000 000	2 000 000	3 000 000	9 000 000
渥太华公司交通建设与维护	—	10 000 000	—	—	—	10 000 000
基础设施意识培养项目	1 500 000	1 450 000	—	—	—	2 950 000
迪纳利地区评价系统项目	—	15 000 000	15 000 000	15 000 000	15 000 000	60 000 000
I-95 康蒂路立体枢纽研究	—	1 000 000	—	—	—	1 000 000
多式联运设施提升项目	—	5 000 000	5 000 000	5 000 000	5 000 000	20 000 000
陆路运输研发和应用项目	196 400 000	196 400 000	196 400 000	196 400 000	196 400 000	982 000 000
教育与培训项目	26 700 000	26 700 000	26 700 000	26 700 000	26 700 000	133 500 000
运输统计局项目	27 000 000	27 000 000	27 000 000	27 000 000	27 000 000	135 000 000
大学交通运输研究	69 700 000	69 700 000	69 700 000	69 700 000	69 700 000	348 500 000
智能交通研发	110 000 000	110 000 000	110 000 000	110 000 000	110 000 000	550 000 000
智能交通应用	122 000 000	—	—	—	—	122 000 000
总计	5 842 673 600	6 378 747 200	6 787 159 000	6 831 959 000	6 596 847 200	32 437 386 000

附件 3：

SAFETEA-LU 自行决定项目的支出限额

自行决定项目（单位：美元）	2006 年预算授权	限额率	2006 年支出限额
州际公路养护	99 000 000	87.0%	86 130 000
阿巴拉契亚地区公路项目	29 700 000	87.0%	25 839 000
地方公路项目	39 600 000	87.0%	34 452 000
救生项目	554 400	87.0%	482 328
消除高铁通道公铁立交危险性	7 177 500	87.0%	6 244 425
就业培训服务项目	9 900 000	87.0%	8 613 000
弱势企业计划培训	9 900 000	87.0%	8 613 000
印第安保护区公路项目	319 020 770	87.0%	277 548 070
公园道路和绿化道路	188 512 273	87.0%	164 005 678
避难公路	28 035 159	87.0%	24 390 588
公共土地公路项目	270 684 289	87.0%	235 495 331
国家景观公路项目	29 700 000	87.0%	25 839 000
渡轮建造和渡口基础设施建设	54 450 000	87.0%	47 371 500
波多黎各公路项目（罚款资金）	100 596 832	87.0%	87 519 244
上学安全路线（行政管理费）	2 970 000	87.0%	2 583 900
LIFE 公路项目	14 850 000	87.0%	12 919 500
运输、社区和体制保护项目	60 637 500	87.0%	52 754 625
印第安保护区公路与桥梁项目	13 860 000	87.0%	12 058 200
货车停车设施建设	6 187 500	87.0%	5 383 125
货物多式联运分布试点项目	5 940 000	87.0%	5 167 800
德尔塔地区交通发展项目	9 900 000	87.0%	8 613 000
收费设施作业区安全研究	495 000	87.0%	430 650
作业区安全奖励金	4 950 000	87.0%	4 306 500
国家工作区安全票据交换所	990 000	87.0%	861 300
公路安全项目	495 000	87.0%	430 650
自行车和行人安全奖励金	495 000	87.0%	430 650
交通基础设施融资与创新修正案	120 780 000	87.0%	105 078 600

续上表

自行决定项目(单位:美元)	2006年预算授权	限额率	2006年支出限额
收费价格试点项目	11 880 000	87.0%	10 335 600
美国公路资源中心	2 970 000	87.0%	2 583 900
国家历史桥梁古迹项目	9 900 000	87.0%	8 613 000
印第安保护区额外拨款授权	1 782 000	87.0%	1 550 340
非机动化运输试点项目	24 750 000	87.0%	21 532 500
消除种族歧视补助金项目	7 425 000	87.0%	6 459 750
道路标志演示项目	990 000	87.0%	861 300
国家陆路运输政策和收入研究委员会	1 386 000	87.0%	1 205 820
公路收费实地测试	1 980 000	87.0%	1 722 600
德尔塔地区交通评价和需求项目	495 000	87.0%	430 650
五大湖地区智能交通应用	1 980 000	87.0%	1 722 600
渥太华公司交通建设与维护	9 900 000	87.0%	8 613 000
基础设施意识培养项目	1 435 500	87.0%	1 248 885
迪纳利地区评价系统项目	14 850 000	87.0%	12 919 500
I-95 康蒂路立体枢纽研究	990 000	87.0%	861 300
多式联运设施提升项目	4 950 000	87.0%	4 306 500
陆路运输研发和应用项目	194 436 000	87.0%	169 159 320
教育与培训项目	26 433 000	87.0%	22 996 710
大学交通运输研究	69 003 000	87.0%	60 032 610
智能交通研发	108 900 000	87.0%	94 743 000
总计	1 925 816 723		1 675 460 549

附件4:

SAFETEA-LU 法定公式项目的扣减(按百分比)

来　　源	去　　向	2005年	2006年	2007年	2008年	2009年
州际公路养护项目	城市运输规划	1.25%	1.25%	1.25%	1.25%	1.25%
国家公路系统	城市运输规划	1.25%	1.25%	1.25%	1.25%	1.25%
公路桥梁项目	城市运输规划	1.25%	1.25%	1.25%	1.25%	1.25%
陆路运输项目	城市运输规划	1.25%	1.25%	1.25%	1.25%	1.25%
缓解拥堵和空气质量提升项目	城市运输规划	1.25%	1.25%	1.25%	1.25%	1.25%

附件5:

SAFETEA-LU 法定公式的扣减(按金额)(单位:百万美元)

来　　源	去　　向	2005年	2006年	2007年	2008年	2009年
州际公路养护项目	州际公路养护项目	100.000	100.000	100.000	100.000	100.000
国家公路系统	地方公路项目	40.000	40.000	50.000	50.000	50.000
国家公路系统	Alaska公路项目	30.000	30.000	30.000	30.000	30.000
公路桥梁项目	自由裁量桥梁项目	100.000	—	—	—	—
公路桥梁项目	桥梁项目预留	—	100.000	100.000	100.000	100.000
陆路运输项目	救生项目	0.560	—	—	—	—
陆路运输项目	消除高铁通道公铁立交危险性	5.250	—	—	—	—
陆路运输项目	DBE培训	10.000	10.000	10.000	10.000	10.000
陆路运输项目	就业培训服务	10.000	10.000	10.000	10.000	10.000
休闲公路项目	技术研发和培训	0.840	0.840	0.840	0.840	0.840
上学安全路线项目	行政管理费	3.000	3.000	3.000	3.000	3.000
公路安全提升项目	消除高铁通道公铁立交危险性	NA	220.000	220.000	220.000	220.000

附件6:

SAFETEA-LU 部分项目联邦的份额

项　　目	联邦份额(%)	使用年限
州际公路养护(IM)	90	4
自由裁量的州际公路养护(IM)	90	直到用完止
国家公路系统(NHS)	80	4
阿拉斯加州公路	100	直到用完止
地方公路	100	4
陆路运输项目(STP)	80	4
安全设施	80	4
公路桥梁项目	80	4
公路桥梁设计项目	80	直到用完止
公路安全提升项目	90	4
缓解拥堵和空气质量提升项目	80	4
印第安保护区项目	100	4
公共土地项目	100	4

续上表

项　　目	联邦份额(%)	使 用 年 限
公园公路和绿化道路	100	4
避难公路项目	100	4
公平保证金项目	80	4
阿巴拉契亚地区公路发展项目	80	直到用完止
渡轮建造和渡口基础设施建设	80	直到用完止
边境基础设施项目	80	直到用完止
迪纳利地区评价系统项目	80	直到用完止
迪纳利地区运输发展项目	80	直到用完止
紧急救援项目	80 ~ 100	直到用完止
货物多式联运试点项目	80	直到用完止
优先项目	80	直到用完止
公路用户者税逃税项目	100	4
LIFE 公路	80 ~ 100	4
印第安保护区公路与桥梁	100	4
城市运输规划	80	4
国家边境基础设施提升项目	80	直到用完止
国家景观公路	80	4
非机动车运输试点项目	100	直到用完止
国家和地区重点项目	80	直到用完止
波多黎各公路项目	80	4
公铁立交	90	4
休闲道路	80	4
陆路运输研究	50 ~ 100	直到用完止
智能交通研究	50 ~ 100	直到用完止
上学安全路线	100	直到用完止
国家规划与研究	80	4
运输、社区和体制保护项目	80	4
交通提升项目	80	直到用完止
货车停车设施项目	80	直到用完止
收费价格试点项目	80	4

第三章 美国联邦公路项目预算授权情况

一、联邦投资公路项目

联邦投资公路项目(FAHP)是联邦公路局所管理的各公路项目的总称。自20世纪20年代开始,联邦政府投资公路项目有近百年的历史。联邦政府投资公路项目具有以下主要特征:

(1)绝大部分项目资金通过法定公式进行分配,主要通过州级交通运输主管部门实施。

(2)需要各州配套资金,直到20世纪50年代,州和联邦之间需要1:1配套资金。目前,联邦投资的份额,非州际公路项目是80%,州际公路项目是90%。

(3)在一般情况下,联邦资金只能投资联邦公路项目(大约占全国公路的1/4)。

(4)联邦资金全部用于项目建设,通常不用于运营或日常维护。

2012年颁布的MAP-21法案,重新构建了联邦公路的核心项目,包括全国公路系统项目、州际公路维护项目、公路桥梁项目等都被纳入了新的核心项目框架:国家公路绩效项目(NHPP)、陆路运输项目(STP)、缓解交通拥堵及空气质量改善项目(CMAQ)、公路安全项目(HSIP)和交通运输替代项目(TA)。

二、联邦投资公路项目实施

联邦投资公路项目要求各州要制定州交通运输规划,通过规划对联邦资金的使用预先谋划。州交通运输主管部门主要负责确定建设项目、签订项目合同,监管项目进展等工作。近年来,城市规划组织(MPOs)在制定城市项目规划中发挥了越来越重要的作用,但联邦投资项目仍旧通过州交通运输主管部门实施。

在2012年签署的MAP-21法案中,92%的联邦资金分配是通过5个法定核心项目实施的,这意味着每个州对每个项目的年度预算授权,基于法定公式计算分配。核心项目之外的其他项目,通常是指由联邦公路局直接管理的可选择项目,但MAP-21法案也要求其中的一些资金采用法定公式计算分配。联邦资金的支付不是采用预付款的方式,而是事前授予各州相应的支出额度,只有当一定的工程量完成后,采用报销的方式支付。即承包商完成一定的工程量后,将清偿凭证逐级提交给联邦公路局,联邦公路局向财政部提出支付申请,财政部通过电子账户将资金支付给所在州的银行,通常在同一天州将资金支付给承包商。

与其他大多数联邦项目不同,联邦公路项目并不采用拨款预算授权的方式,而是采用合约授权从公路信托基金中支付。这种预算方式,规避了公路建设项目必须年度拨款的规定。

三、联邦公路信托基金

联邦公路信托基金的资金来源于各种相关税收收入,包括燃油税、轮胎税、重车使用税等。但约90%的基金收入来自于燃油税,其中汽油税税率为每加仑18.3美分,柴油税税率为每加仑24.3美分。公路信托基金由两个账户组成(公路账户和公共交通账户)。公路账户分得15.44美分的汽油税,公共交通账户分得2.86美分的汽油税。因为燃油税是以每加仑几美分的方式确定的,而不是占燃油销售价格的一定比例,这样燃油税的收入不会随着价格上涨而增加。

近年来,由于经济增长迟缓和车辆使用效率的提高,燃油消耗和燃油税收收入明显减少。2008年以来,缴入公路信托基金公路账户的收入难以满足投资支出需求。为此,2008～2010年国会从一般公共预算资金中拨款297亿美元,如果没有这项拨款,联邦公路局可能已经面临着支付危机。

为了解决公路信托基金收支倒挂的矛盾,MAP-21法案规定在2013年和2014年分别从一般公共预算资金中拨款62亿美元和126亿美元。2012年从地下储油罐泄漏基金中拨款24亿美元给公路信托基金。根据国会预算办公室的预计,公路信托基金的公路账户到2014年底仅会有40亿美元的余额。

预测显示,公路信托基金的收入对支撑MAP-21法案规定的基本支出将是很大的困难。为此,国会将可能归并一些新税种,增加燃油税率,继续从一般公共预算资金中支出,或者消减项目。

四、联邦公路项目投资

经过10年持续增长的预算授权后,公路信托基金收入减少导致了对联邦预算授权的消减。2012年颁布的MAP-21法案只为公路联邦公路项目投资提供了一个最基本的水平,公路项目和科研教育类授权在2013～2014年年均为410亿美元(见表3-1)。

MAP-21法案联邦公路项目预算授权情况(单位:百万美元)　　表3-1

项　目		联邦份额	2013年	2014年	合　计
核心项目	国家公路绩效项目(NHPP)	80%	21 752	21 936	43 687
	陆路运输项目(STP)	80%	10 005	10 090	20 095
	公路安全项目(HSIP)	90%	2 390	2 411	4 801
	缓解拥堵和空气质量改善项目(HSIP)	80%	2 209	2 228	4 437
	交通运输替代项目(TA)	80%	809	820	1 629
	小计	—	37 165	37 484	74 649
一般项目	城市交通运输规划项目(HSIP)	80%	312	314	626
	交通基础设施融资创新项目 (TIFIA)	—	750	1 000	1 750
	部落交通项目	100%	450	450	900
	联邦土地交通项目	100%	300	300	600

续上表

项　　目		联邦份额	2013 年	2014 年	合　计
一般项目	联邦土地通道项目	100%	250	250	500
	领土和波多黎各公路项目	80%	190	190	380
	行政管理费用	—	454	440	894
	紧急救援项目	80% ~100%	100	100	200
	国家和地区重点项目	80%	500		500
	渡口码头设施建设项目	80%	67	67	134
	部落优先项目	80%	30	30	60
小计		—	40 568	40 625	81 193
支出限额		—	39 699	40 256	79 955
科研教育		50% ~80%	400	400	800
合计		—	40 968	41 025	81 993

五、核心项目的资金分配

与以往的预算授权法案不同，MAP-21 法案对核心项目的资金分配，没有采用各不相同的公式确定分配额度，而是采用了统一的分配公式确定项目的年度预算授权。

（1）对 2014 年的资金分配，各州可分配的额度为：各州的“初始数量”（2012 年的分配额）加上年度的增量分配数额。但会保证各州分得的额度不少于其对公路信托基金公路账户贡献额的 95%。即使在最近几年公路支出超过收入时，也基本不会调整。

（2）城市规划项目和 CMAQ 项目资金分配，基于 2009 年各州的相对比例，从其初始数额中预留。

（3）剩余资金在 3 个核心项目中分配：63. 7% 分配给国家公路绩效项目，29. 3% 分配给陆路运输项目，7% 分配给公路安全项目（其中 2. 2 亿美元留给公铁交叉项目）。

交通运输替代项目（TA）的分配，通过一系列的预留资金，保持在

MAP-21法案授权的公路项目和科研教育资金总量的2%的水平。各州的核心项目和城市规划项目分配额将按比例消减给各州的交通运输替代项目。在MAP-21法案下,5个核心项目2014年预算授权额度为375亿美元。

六、2014年项目预算概要

2012年7月,奥巴马总统签署了《在21世纪中前进》(MAP-21)法案。该法案是美国经济和交通网络的一个里程碑,它不仅为交通发展提供了稳定的资金来源,更重要的是,它改变了指导国家重要交通系统的政策和规划框架。

MAP-21法案创造了就业机会,强化了交通系统,刺激了经济增长。同时,法案提供了时间跨度为2年的资金用于建设公路、桥梁、隧道等,保持了国家经济的竞争力。这意味着承包商和建筑公司能够规划大项目和制订用工计划,使部分美国人回到工作岗位。联邦公路管理局在2014年预算申请拨款410亿美元,用于提升国家公路和桥梁基础设施的性能和绩效。

随着MAP-21法案有关创造就业机会和改善基础设施等关键条款的继续实施,总统正在寻求利用这一势头。2014年的总统预算申请拨款500亿美元开启经济投资计划并重塑美国。这些资金将用于创造美国本土就业机会,同时为下一代提升交通基础设施。资金将用于机场、公路、公交和铁路项目。总统正在提议的一个直接交通投资计划,将直接投资400亿美元用于加强公路、桥梁、公交系统和机场等维护和创造就业机会,同时提议100亿美元的创新交通投资计划。作为这些提议的一部分,联邦公路管理局申请拨款270亿美元,其中包括250亿美元用于国家重要基础设施和20亿美元用于跨境运输陆路入境口岸(LPOE)。

2014年预算申请反映了MAP-21法案设定的项目结构和以绩效为基础的投资方式,其简化了交通项目的结构和提供了资金使用的灵活性。此外,每个项目要求对基于绩效的目标进行监控和实现,这将使联邦资金更高效地投资国家重点交通项目，增加联邦公路项目投资的问责性和透明性，提升交通投资决策能力。

2014 年预算申请将提供所需要的资金用以维护和提升国家公路系统的安全、性能和绩效，并确保联邦公路管理局对公路项目和资金提供有效的管理和监督。以下是 2014 年项目预算申请的概要。

（一）国家公路绩效项目（NHPP）

美国国家公路绩效项目（219 亿美元），是针对系统维护和现代化，并最终挽救生命的扩大的国家公路系统（NHS）。该网络是由总长度 22 万英里覆盖主要人口中心区、国际边境口岸、多式联运设施以及主要交通中心的农村和城市道路组成。其包括州际公路系统，所有主要干道，联运枢纽和有关机动性、商贸、国防、联运连接的其他道路。通过基于绩效的方式，该项目将维持或提升国家公路系统（NHS）的性能和绩效，建设新的国家公路设施，确保联邦资金的投资实现特定的绩效目标。

该项目的绩效基础，将通过每个州的资产管理计划进行定义。这些计划旨在改善或保持资产性能和系统绩效，并会包含以下信息：国家公路系统路面和桥梁资产及其性能状况；资产管理的目标和措施；绩效差别鉴定；全生命周期成本和风险管理分析；财务计划；投资策略。该资产管理计划将被审查并定期更新，以确保最低绩效标准。

（二）陆路运输项目（STP）

陆路运输项目（101 亿美元）为各州和地方提供了灵活的资金用于项目建设，以保持或提升联邦公路、桥梁和安全项目，以及非机动运输、公交项目、公共巴士站点等设施的性能和绩效。该项目资金的灵活特性，可确保各州能够直接用于到最需要的领域。

陆路运输项目（STP）为各种符合条件的项目提供资金。符合条件的项目范围，既包括传统的公路、桥梁建设和维护，也包括一些创新项目，如电力和天然气汽车充电基础设施和电子收费设施。项目的灵活性,为各州提供了机会,以提高和保持其重要基础设施,同时也促进交通创新。

(三)公路安全项目(HSIP)

安全仍是第一要务。公路安全项目(24 亿美元)旨在显著减少公路交通事故人员死亡和伤害。该项目强调一个数据驱动的战略方针,以提升基于绩效的公路安全。这种方式的基础是一个安全的数据系统,该系统能够识别关键的安全问题,建立相对的严重程度,然后采取战略和绩效为基础的目标,以最大限度地提高安全性。每个州将制定并定期更新州公路安全战略计划,采取措施解决关键安全问题。

安全绩效将通过各州制定的安全目标(死亡和重伤人数、每车公里发生的事件数量)进行监测。此外,各州还将监测有关年老驾驶员和高危农村公路的安全绩效。

(四)缓解交通拥堵和空气质量改善项目(CMAQ)

缓解交通拥堵和空气质量改善项目(23 亿美元)提供了一个灵活的资金来源为州和地方政府的交通项目,以帮助满足清洁空气法的要求。资金可用来减少交通拥堵和改善空气质量,但只能用于臭氧、一氧化碳、颗粒物等的国家环境空气质量标准未达到的地区(未达标地区)或是目前已符合标准但以前未达标的地区(维持地区)。

该项目将纳入绩效测量,将评估交通拥堵和道路机动车排放情况。每个拥有超过 100 万人口且交通管理区域属于未达标或维持地区的城市规划组织,将制定并每两年更新绩效计划,以实现空气质量和交通拥堵缓解目标。

(五)交通运输替代项目(TA)

交通运输替代项目(8.2 亿美元)提供资金,以扩大交通选择和提升运输经验。符合条件的项目,包括步行、自行车基础设施,安全项目,风景名胜的公路项目,园林绿化美化景区、历史保护和环境缓解项目。

(六)城市交通规划项目(MTP)

城市交通规划项目(3.14 亿美元)提供资金,以改进城市和州区域的交通规划流程。以绩效为基础的交通决策,将用于支撑国家目标和城市规划组织管理的重要成果。规划过程中,会为提高安全性的,支撑经济活力的,增加便利性、流动性和连通性、保护和改善环境的项目予以特别考虑,进而强调现有基础设施的保护,并提高交通系统的安全性。

(七)联邦土地和部落交通项目(FLTTP)

联邦土地和部落交通项目(10 亿美元),为在联邦和部落土地上(或通向该区域)的交通项目提供资金。通过该项目,这些土地上的交通项目,将享受和联邦投资公路等交通设施相统一的投资政策。

(1)**联邦土地交通项目:**提供 3 亿美元提升联邦政府拥有交通基础设施,进而提升联邦土地(如国家森林、国家休闲区)上的交通便利性。

(2)**联邦土地通道项目:**提供 2.5 亿美元提升进入联邦土地范围的通道项目(由各州和地方政府拥有)。

(3)**部落交通项目:**提供 4.5 亿美元提升进入和部落土地范围内的交通项目。

(八)交通基础设施融资与创新项目(TIFIA)

交通基础设施融资与创新项目(10 亿美元),撬动稀缺的联邦预算资金,促进了私人资本投资交通项目和融资机制创新。通过该项目,联邦信贷援助能够提供给公路,公交,铁路和联运货运项目。10 亿美元的投资,将支持大约 100 亿美元的实际放贷能力。

(九)研究、技术和教育项目

研究,技术和教育项目(4 亿美元)是一个灵活的、全国范围内的研究和技术项目。用于满足根本的、长期的公路研究的需要,如显著的研究空白、对国家将产生潜在影响的新问题和相关政策和规划研究。所有研究活动将包括绩效衡量和评价的组成部分,将是基于成果的、并会与研究及技术发展战略规划相一致。

(1)**公路研究和开发项目**:提供1.15亿美元研究与公路安全,基础设施完整性、规划和环境、公路运营等相关活动。

(2)**技术和创新部署项目**:提供6 250万美元,以加快实施和交付新的创新技术,从而受益于公路交通的各个方面。其中,至少1 200万美元的资金必须用于加速路面技术的部署和实施。

(3)**培训和教育**:提供2 400万美元,培训当前和未来的交通职工队伍,迅速有效地传递知识。

这些联邦公路管理局管理的项目,将应用创新技术来构建和维护国家的公路、桥梁和隧道,这使公路系统保持在良好的状态。此外,这些项目将帮助更快速地提供交通项目和鼓励创新,进而刺激经济增长。研究,技术和教育项目的预算申请,也包括1.98亿美元的几个由助理国务卿研究和技术办公室管理的几个项目:一是智能交通项目(1亿美元),二是大学交通中心项目(7 250万美元),三是运输统计局项目(2 600万美元)。

(十)其他项目

其他项目(3.57亿美元)是由三部分组成:

(1)**紧急救援项目**:提供1亿美元协助联邦、州、部落和地方政府,修复由于自然灾害或灾难性事故而严重损坏的公路项目。

(2)**领土和波多黎各公路项目**:提供1.9亿美元投资在美国领土和波多黎各的公路项目。

(3)**渡口和码头设施建设项目**:提供6 700万美元建造渡口和渡口码头设施,将提升与国家公路系统(NHS)的连通性,提供出行方式的选择和减少交通拥堵。

(十一)行政管理费

总量为4.66亿美元的行政管理费,包括联邦公路管理局和阿巴拉契亚地区委员会(ARC)的一般业务费用(GOE),以及其他费用和项目(包括岗位培训、弱势企业、公路使用税逃税项目以及其他与安全相关的项目)。

为有效监督上述项目活动,联邦公路管理局将需要4.3亿美元的管理费用用于人员工资和其他支持服务,并为阿巴拉契亚地区委员会的管理费用额外拨款320万美元。这些资金是联邦公路管理局和阿巴拉契亚地区委员会,履行关键监督职能和成功实施预算资金项目所必需的。

2014年行政管理费用的预算申请数额,与2010年费用水平相比,交通费(减少30%)、印刷费(减少45%)、咨询服务费(降低25%)、日用品和宣传费(减少10%)。

第四章　日本财政预算管理制度

日本在战败后对国家体制进行了重整，废止了明治宪法体制下的财政制度。1947 年，日本实施了新宪法，制定了财政法、会计法，据此确立了新的财政制度，其基本框架是由“日本国宪法（第七章财政）—财政法—会计法—预算决算及会计令”等组成的财政基本法体系，从而使财政制度发生了彻底的变革，完成了由王权财政、专制财政向公共财政的转变，确立了立宪财政制度。在此制度下，国家的财政根据预算进行运营，议会向内阁授予财政权力，通过预算的形式经议会表决通过成立，政府各部门在预算规制下开展业务活动，没有预算，就没有政府活动。因此，预算制度是日本财政制度的主要和核心内容。

一、预算制度的基本原则

日本预算制度总的原则是实行议会表决主义，日本宪法第七章按照议会制民主主义的原理对国家财政事务进行了规定。宪法第 83 条规定，国家预算应当根据由国民代表组成的议会的决议来决定。宪法第 85 条规定，除非经议会授权，政府不得发生国费支出，也不得承担债务。宪法第 86 条规定，在每一财政年度，内阁应当准备并向议会提交供其考虑和决定的预算案。宪法第 87 条规定，在发生不可预见的预算缺口时，经议会授权，内阁可以在行使其职责时，从储备基金中进行开支。

日本预算制度的其他基本原则包括年度收入与支出分别核算，预算年度独立，总计预算主义和稳健财政等，主要由财政法规定。

二、预算的种类与内容

从预算编制的形式上看,日本预算分为一般账户预算、特别账户预算和政府有关机构预算三部分:

(一)一般账户预算

一般账户预算,是与政府基本事务相关的一般性财政收支预算。它以税收、国债收入等为财源,为国家的社会保障、教育科学文化事业、行政管理、国防等国家基本职能活动提供财力保障。因此,一般账户预算是位于国家活动中心的预算。

(二)特别账户预算

特别账户预算,是国家在基本事务之外,用于特定目的的国家项目支出预算。特别账户预算通常是政府为达到特定目的而设置的,原来共有3大类、31项内容,根据《有关特别账户的法律》(2007年法律第23号)的规定,日本废除原有的31项特别账户法,制定了有关特别账户的总体法律,将31项特别账户合并、缩减为17项。具体内容如表4-1所示。

特别账户预算的种类和内容　　表4-1

<table>
<tr><td rowspan="10">事业特别账户(共12项,为明确国家所实施事业收支的账户)</td><td>企业特别账户(1项)</td><td>国有林野事业特别账户</td></tr>
<tr><td rowspan="8">保险事业特别账户(7项)</td><td>地震再保险特别账户</td></tr>
<tr><td>劳动保险特别账户(劳动保险与船员保险)</td></tr>
<tr><td>森林保险特别账户</td></tr>
<tr><td>贸易保险特别账户</td></tr>
<tr><td>年金特别账户(厚生保险与国民年金)</td></tr>
<tr><td>农业互助再保险特别账户</td></tr>
<tr><td>渔船再保险以及渔业互助保险特别账户</td></tr>
<tr><td></td></tr>
<tr><td>公共事业特别账户(1项)</td><td>完善社会基础设施特别账户(城市开发资金、治水、道路、港湾与机场建设)</td></tr>
</table>

续上表

<table>
<tr><td rowspan="3">事业特别账户（共12项，为明确国家所实施事业收支的账户）</td><td rowspan="3">行政事业特别账户（3项）</td><td>食品稳定供给特别账户（完善农业基础与粮食管理）</td></tr>
<tr><td>汽车安全特别账户（汽车损害赔偿保险与汽车安全检查）</td></tr>
<tr><td>专利特别账户</td></tr>
<tr><td rowspan="2">资金运营特别账户（共2项，为明确国家所实施事业收支的账户）</td><td colspan="2">财政投融资特别账户（财政融资与产业投资）</td></tr>
<tr><td colspan="2">外汇资金特别账户</td></tr>
<tr><td rowspan="3">其他（共3项）</td><td rowspan="2">整理划分特别账户（2项）</td><td>转移支付税以及让与税分配金特别账户</td></tr>
<tr><td>国债整理基金特别账户</td></tr>
<tr><td>其他（1项）</td><td>能源对策特别账户（电源开发与石油能源）</td></tr>
</table>

注：本表根据日本财务省主计局资料整理。

（三）政府相关机构预算

政府相关机构预算，是与政府相关联机构的财务预算。这些机构是政府提供全部资本金的法人，主要从事政策性投融资业务，将其与其他政府机构区别设置的目的是为了灵活运用企业经营规则，以提高效率。但为保证公正性，这些机构的预算也必须接受国会监督。目前这些机构包括2家银行、1家金库、5家公库，即日本政策投资银行、国际协力银行、商工组织中央金库、国民生活金融公库、中小企业金融公库、农林渔业金融公库、公营企业金融公库、冲绳振兴开发金融公库。上述政策性金融机构将根据《行政改革推进法》（2006年法律第47号）进行改革，国民生活金融公库、中小企业金融公库、农林渔业金融公库、冲绳振兴开发金融公库和国际协力银行政府开发援助（ODA）以外的部分拟于2008年10月合并为一个新政策金融机构，公营企业金融公库将被废除，日本政策投资银行和商工组织中央金库将实现完全民营化。

另外，日本预算还可以分为补正预算和临时预算。补正预算是为适应经济形势变化而编制的预算，是对已成立预算（即当初预算或本来预算）的追加或变更。临时预算是在众议院解散或正式预算案3月底未能经议会批准通过之前,用于填补预算空白的临时性预算,临时预算也要经议会批准通过。

政府提交国会的预算必须包括下列内容:

(1)预算总则,也称为预算条文,是年度预算总则性的规定。预算总则除规定年度财政预算收支总额外,还规定了国债发行额度、临时借款最高额度等。预算总则还规定了其他与预算执行有关的事项,如国会、法院、会计检察院、内阁及其组成部门的支出项目,政府相关机构如日本政策投资银行、各公库、存款保险机构、有关独立行政法人、有关国有公司的融资额度等。

(2)年度收入支出预算(甲号),是预算的主要内容,包括各项财政收支的明细。

(3)递延费(乙号),针对工程、制造(如军舰制造)等需要几年(5个年度以内)才能完成的预算,在其开工年度确定支出总额和每年度的支出额,经国会审议批准后,在规定年度内不必再经国会批准便可支出的经费。

(4)跨年度支出费(丙号),对出于某种原因在某一财政年度内无法全部支出的经费,可以结转至下一年度限期一年内使用。例如容易受自然灾害等的影响,本预算年度内无法全部支出的经费项目,可以延期1年,结转至下一年度使用。

(5)国库债务负担行为(丁号),是政府因签订采购合同(通常是大型工程)而承担的为期两个年度以上与合同债务负担有关的预算。这些债务负担需要事先报国会审议通过,通常只在年度预算中规定总的数额,不规定以后年度的具体支出数额(此点有别于递延费)。

三、预算的编制与议会审议

根据日本宪法第86条规定,预算由内阁编制,议会审议批准。日本的财政年度为每年的4月1日至次年的3月31日。现以日本平成19年(2007年)预算为例,对日本预算编制与审议的具体程序说明如下:

（一）预算编制方针和概算要求基准的确定

内阁于2006年6月召开内阁会议，根据经济前景、重点发展政策等讨论下一年度的预算编制方针，内阁会议于7月7日决定“有关经济财政运营与结构改革的基本方针2006”，于7月21日同意概算要求基准，确定预算上限。为了制订经济国家总的财政方针，日本内阁府设立了经济财政咨问会议，这是一个国家经济政策与发展战略的协商机构，目前共有11名成员，分别是内阁总理大臣、官房长官、经济财政政策担当大臣、总务大臣、财务大臣、经济产业大臣、日本银行总裁和民间人士(4名)。该机构负责制订日本经济财政运营与改革的基本方针、预算编制的基本方针和经济发展战略等宏观经济政策，拟订上述基本方针和发展战略供内阁会议讨论的草案。

（二）概算的编制

根据内阁会议确定的预算编制方针和概算要求基准，政府各部门于2006年8月31日前，向财务省提交下一年的概算要求书。财务省对概算要求书进行审核、调整后，于12月下旬形成财务省的概算方案。

（三）预算草案的编制与提交

2006年12月1日，内阁会议决定“2007年度预算编制的基本方针”。12月20日，财务省向内阁会议提交概算方案，同时向政府各部门说明有关预算分配情况。政府各部门对财务省的概算方案进行研究，并与财务省和财务大臣进行争取恢复概算要求的各种交涉活动。12月24日，财务大臣将最后调整而成的概算方案提交内阁会议决定，最终形成政府预算草案。2007年1月25日，内阁会议决定将政府预算草案提交国会审议。

（四）预算的审议与成立

议会众、参两院对政府预算草案进行审议和批准，财务大臣需要针对预算草案的编制方针、内容和特点、财政金融政策、经济现状等，分别在众议院和参议院进行演说。议会演说结束以后，预算草案先要在众议院预算委员会进行详细审议，然后再接受众议院全体大会的表决。如果获得通过就送到参议院，重复同样的过程。如果参议院和众议院的意见不一致，则由两院召开协商会议。如果仍不能取得一致，则以众议院的决议为准。如果要对政府提出的预算草案进行修改，在众议院必须获得50名以上议员的赞成，在参议院必须获得20名以上议员的赞成。2007年3月26日，2007年度日本政府预算经议会表决通过后成立。

（五）地方预算与国家预算的衔接

日本国家预算中包括地方让与税、地方交付税、国库支出金等分配给地方的财政转移支付资金，由于日本地方议会每年审议地方预算与国家议会审议国家预算的例会时间是一致的，因此在国家预算获得议会批准成立之前，地方预算对中央政府对地方的财政转移支付资金并不能完整准确地反映。因此，日本地方预算草案是一个框架性的预算草案，要等待每年3月底，4月初国家预算成立后再进行调整，对国家分配的转移支付资金进行追加预算（补正），并在每年6月份获得地方议会的确认。

四、预算的执行与决算

预算获得批准以后，就进入执行阶段。政府各部门机关的负责人必须制订出预算期内支付计划的日程表，并获得财务省大臣的批准。在预算执行过程中，可以对预算作移用、挪用和职能转化等调整。日本预算科目分为类、项、目。“类”是按照政府部门所分的经费，如外务省类经费、农林水产省类经费等。“项”是经国会表决，按支出目的分类的经费，如公共事业费等。“目”是项的明细，是按支出性质分类的经费，如差旅费等。所谓移用，是指在执行预算时，对预算总则中已事先得到国会表决通过并根据预算目的分成“类”的经费，在执行中有必要时可以允许“类”之间的移用。而挪用是指对国会议决的“项”经费的变更使用，必须根据性质分类的变更，即行政科目的变更,并且需要得到财务大臣的批准才可使用。职能转化则是根据职务权限的变更等,对预算组织进行变更,必须在预算总则中规定。

在预算执行过程中遇到难以预知的情况时,可以动用预备费。预备费是为防止预算不足的情况,根据国会的表决确定的。它不像一般预算支出规定了经费使用目的和用途,而是一种预留基金,可以根据内阁的职责和权限进行支出。但是,内阁应当确认将预备费用于合理用途上,并得到国会的事后批准。如果在国会召开期间使用预备费,则属于补正预算,须经国会表决,这主要是出于对国会表决权的尊重。预备费也不都是未规定用途的,如"公共事业等预备费"就是一种特定预备费,在预算案中根据经济形势变化已经确定了大致用途。

预算的结转则是会计年度独立原则的例外。按照会计年度独立原则,每一会计年度的收入必须在该年度内使用,不能进行预算结转,但由于事先编制的预算有可能与实际情况不符,坚持上述原则难免缺乏效率和经济效益。因此,允许在一定情况下的结转使用,主要包括根据经费的性质就可预测结转发生并事先经国会批准的明许结转、出于无法避免的事故结转以及继续费的逐年结转等。

每一财年的预算执行完毕,各部门负责人必须在次年度的 7 月 31 日之前向财务省提交收入和支出的决算报告,在获得内阁会议通过之后提交会计检察院。会计检察院检查完毕后将检查报告返还内阁,由内阁会议将决算报告连同会计检察院的审计报告提交给国会审议,审议通过,完成决算。对决算中反映的资金结余,应当在扣除支出转入财源、地方转移支付税不足等之后,将净结余的二分之一转入公债偿付财源,其余二分之一转入下年度收入。对预算不足问题,《财政法》没有规定。按照稳健财政原则,《财政法》不允许出现决算不足的情况,因此,必须采取适当的措施来规避决算不足。随着经济形势的变化,为了解决税收不足问题,日本设置了决算调整资金制度。在该资金还不足以填补不足的情况下,可以允许国债整理基金转入。但是,来自国债整理基金的转入,在第二年度一定要转回,以保持使国债整理基金的原有数额。

第五章　日本公路投资预算管理制度

第二次世界大战后，日本集中力量发展煤、电、钢铁等基础工业，但当时公路基础设施相当薄弱，成为制约工业化发展的瓶颈问题。为加快公路发展，日本政府于1953年立法实施公路发展五年规划，明确建设省（后更名为国土交通省）为公路行政管理机构，负责全国公路网络的规划与实施。1954年第一个公路发展五年规划正式启动，标志着日本公路网络建设正式起步。为稳步推进公路网络建设，急需大规模稳定的资金来源。日本政府认为，尽管公路是一种公共产品，但使用者受益程度不尽相同，为公平起见，使用公路频率较高、收益多且对公路产生一定破坏的使用者，理应承担较高费用。支付费用有两种方式：一是向汽车使用者征税；二是向公路使用者收取通行费。

一、设立道路特定财源用于普通公路建设

（一）道路特定财源制度发展及演变

日本设立道路特定财源用于公路建设，主要基于三个原则：一是受益原则，由受益者支付费用（税收），受益程度越高，支付税收就越多；二是资金专属原则，与汽车有关的税收全部用于公路建设与维护，不得挪作他用；三是稳健原则，专项税收应保持相对稳妥，不受国家整体财政状况影响。

1953年日本政府颁布法案，设立道路特定财源制度，对汽车使用者征税作为公路建设与维护专项资金。1954年，随着第一个公路发展五年规划实施，开征汽油税，1956年开征柴油交易税，1966年开征液化石油气税。以上税种按照受益原则征收，征收收入与汽车行驶距离成正比。随后，1968年开

征车辆购置税,1971年开征汽车吨位税。所有这些关于汽车的税种,涉及购买、保有和使用环节,使用阶段征收挥发油税、地方道路税、石油天然气税、柴油交易税,保有阶段征收汽车重量税,购买阶段征收自动车取得税,这些税金全部被转移至一个专用账户,作为公路建设和维护专项税收。税率根据公路工程造价进行适当调整。这些和汽车相关的税种中,挥发油税、地方道路税、石油天然气税、自动车重量税是国税。柴油交易税、自动车取得税是都道府县税(见表5-1)。

日本汽车税制结构　　表5-1

征税阶段	税种	国税/地方税	对　象	用途	税率税额	法定
购买阶段	消费税	国税	对汽车价格征税	一般财源	5%	—
	自动车取得税	都道府县税	以购买价为基准课税(50万日元以下免税)	道路特定财源(地方)	私家车5%营业用车·轻型汽车3%(暂定)	3%
保有阶段	自动车重量税	国税	车检时根据车重征税	道路特定财源(中央)	以私家车为例(年额,暂定);乘用6 300日元	2 500日元
	自动车税	都道府县税	每年4月1日对车主定额征税	一般财源	以私家轿车为例(年额)1 001～1 500mL;34 500日元	—
	轻自动车税	市町村税	每年4月1日对车主定额征税	一般财源	以私家轿车为例(年额);四轮乘用车7 200日元	—
使用阶段	挥发油税	国税	对汽油课税	道路特定财源(中央)	(暂定)汽油48.6日元/L	24.3日元
	地方道路税			道路特定财源(地方)	(暂定)汽油5.2日元/L	4.4日元

续上表

征税阶段	税种	国税/地方税	对　象	用途	税率税额	法定
使用阶段	柴油交易税	都道府县税	对柴油课税	道路特定财源（地方）	（暂定）32.1日元/L	15日元
	石油天然气税	国税	对LP天然气课税	道路特定财源（中央1/2，地方1/2）	石油天然气17.5日元/kg	—
	消费税	国税	对燃料价格课税	一般财源	燃料购买价格的5%	—

1.自动车取得税

自动车取得税作为地方道路财源于1968年创设，是在汽车消费者购买汽车时向其征收的占汽车价格一定比例税金的一种流转税，属于都道府县税，是专用于地方道路建设的目的税。自动车取得税的课税对象为自动车及轻自动车。课税标准是汽车价格，营业用车及轻自动车税率是3%，私家车是5%。根据新车和旧车的不同，税率也不同。同样是二手车，根据车年限不同税率也不同。

从环境角度出发实施的特例措施有：1999年，设立低油耗车特例措施，2009年实行环保汽车减税等。由于这些特例措施的实施，税收减少，2008年自动车取得税额为4 024亿日元，2009年降至2 310亿日元，2010年进一步降至2 286亿日元。

2.自动车税

自动车税是具有财产性质和道路损伤负担金性质的税收。税率区分的指标是总排气量（小汽车）、最大载重量（卡车）等。是一种对汽车的保有进行的征税，每年定额征收。

2001年开始引入绿色特例税制，分重课税和轻课税形式。2010年该税收入为1.6万亿日元，是都道府县的主要税目。近年来随着汽车登记台数的减少及汽车小型化趋势的发展，税收总额有减少趋势。

3.轻自动车税

轻自动车税于1958年设立，征税对象为轻自动车及两轮小型汽车，是市町村的法定普通税。轻自动车税和自动车税一样，具有财产税性质和道路损伤负担金性质，是在汽车保有阶段征收的税，每年定额征收。

2010年轻自动车税税收约1 800亿日元，由于四轮汽车数量不断增加，税收有逐年上升的倾向。特别是农村保有轻自动车的台数比城市多，是重要的税源之一。

4.自动车重量税

自动车重量税是通过车检确认车可以使用时对汽车所有者征收的税，车检时征收。车的重量为课税标准，具有道路损伤负担金性质。根据车种不同，税率不同。

2010年该税的税收额为7 500亿日元，其中1/3（2010年以后暂定为407/1 000）作为让与税转移支付给市町村。

随着日本公路网络的逐步完善，日本国内也有观点认为，应逐步削减对公路的投资。日本经济自20世纪90年代后一直处于低迷期，伴随国家整体财政状况的恶化，日本财政大臣试图取消公路建设维护税收的专项资金属性，将公路建设维护专项资金纳入一般财政预算。此举遭到地方政府及汽车用户反对，认为这一转变违背了受益原则，而且公路建设尚未完成，有必要通过专项税收用于公路建设，但从2006年开始专项税收超过公路投资预算的部分转化为一般财政收入。

2008年，全球金融危机给日本经济造成巨大影响，逐年减少的汽车销量加剧了日本国内市场的严峻形势，此外，世界范围内汽车市场的低迷也给国内生产汽车有半数出口的日本汽车产业以严重打击。在严峻的财政形势下，日本政府为了扶持汽车行业，维持就业，采取一系列减税措施对汽车税制进行简化，以达到减少汽车保有及周边成本负担，唤起国内需求的目的，相关调整主要有：

（1）**自动车取得税**：2009 年，随着道路一般财源化改革，由目的税改为普通税，不再限制其使用用途；2010 年，废止现行的 10 年暂定税率，目前维持现在的税率水平（私家车 5%，营业用车或轻型汽车 3%）；

（2）**柴油交易税**：2009 年，由目的税改为普通税，不再限制其使用用途；2010 年，废止现行的 10 年暂定税率，目前维持现在得税率水平；

（3）**地方挥发油让与税**[1]：2009 年，将地方道路让与税名称改为地方挥发油让与税，不再限制其用途；

（4）**石油天然气让与税**：2009 年，不再限制其使用用途；

（5）**自动车重量让与税**：2009 年，不在限制其使用用途；2010 年，自动车重量让与税的让与比例提高，由 1/3 提高至 407/1 000。

金融危机后，日本对环保车型实施减税和补贴政策以刺激经济复苏。为刺激经济及保护环境，日本政府对自动车取得税和自动车重量税的税收政策做了调整，鼓励节能环保型汽车的消费和使用，减少汽车对环境的污染。2009 年，对环保汽车实施减免自动车取得税和自动车重量税的特例措施。对尾气排放少、低油耗的电动汽车、天然气汽车、插电式混合动力汽车、柴油汽车、混合动力汽车、低油耗低排放认证汽车等环保汽车分别实施 50%、75% 甚至免税的特例措施。对环保汽车实施减税后，新车销量得到回升，对应对金融危机和扩大内需起到一定效果。

（二）道路特定财源在道路建设资金中的比重

2005 年，日本中央用于道路建设投资资金的 95.6% 由汽车用户负担，来自缴纳的和汽车有关的各项税收（道路目的税部分），约 37 000 亿日元，如图 5-1所示；地方用于道路建设投资资金的 84.8% 由汽车用户负担，来自缴纳的和汽车有关的各项税收（道路目的税部分），约 49 000 亿日元，如图 5-2 所示。

[1] 地方让与税：由于征税方便性等技术原因和消除税源的地区偏差，将本来应该属于地方的税源作为国税收入国库以后，再返还地方政府的一种资金。地方道路税、石油天然气税、航空燃料税、自行车重量税均属于地方让与税。

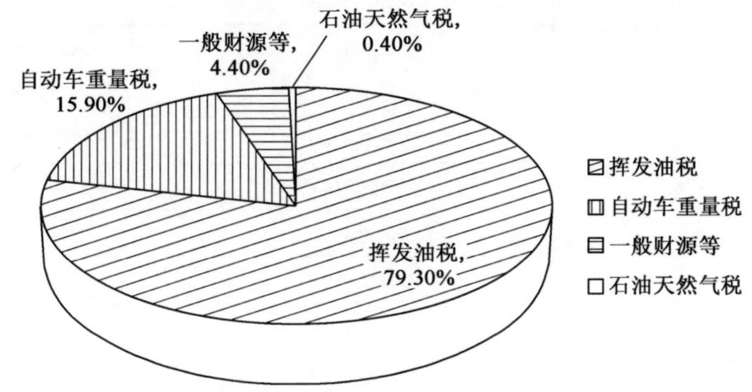

图 5-1　2005 年日本中央投入的道路建设资金比例

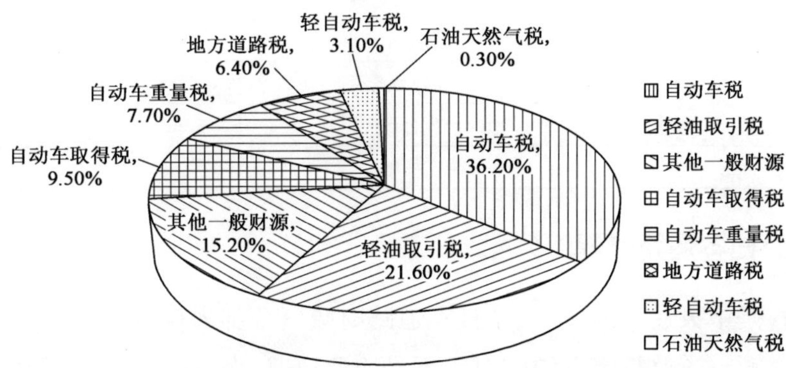

图 5-2　2005 年日本地方投入的道路建设资金比例

(三)日本汽车相关税收占全部税收的比重

与汽车有关税收在日本财政收入中占有重要地位。汽车用户交纳税收占政府全部税收的 10% 以上,与固定资产税(征税对象:日本全国的土地、房屋、机械设备等)税额相当。根据 2011 年年度预算,2011 年日本全国税收总额为 77 万亿日元,汽车用户所承担的与汽车有关的税金金额为 77 744 亿日元,占税收总额的 10.1%。

日本地方汽车税收在全部汽车税收中占有较大比重,如表 5-2 所示。2010 年,与汽车有关的税收共达到 65　122 亿日元,其中地方税收(含让与税)达 34 722 亿日元,约占汽车相关税收总额的 53.3%。

2010 年日本中央和地方汽车有关税收金额(单位:亿日元)　　表 5-2

国税/地方税	税　　种	税收金额
国税	挥发油税	25 760
	石油天然气税	120
	汽车重量税	4 470
	合计	30 350
地方税	地方挥发油让与税	2 777
	石油天然气让与税	123
	汽车重量让与税	3 090
	自动车取得税	2 286
	柴油交易税	8 432
	自动车税	16 272
	轻自动车税	1 792
	合计	34 772
合计		65 122

(四)日本道路财源的分配

不管是中央还是地方政府,日本道路财政资金都来自道路特定财源及其他一般财源。道路特定财源的对象不是收费道路,而是一般道路。道路特定财源专款专用,以其收入充作交通建设费用的一部分或大部分。由于公路是社会的公共设施之一,是为全社会服务的,日本中央和地方政府也在其他税收中给公路建设提供了部分一般财源资金。道路特定财源经过复杂的分配过程后流向各个财政主体。

国税分给中央和地方政府,地方政府间进行再分配。都道府县税分配给都道府县自身和指定市、市町村。被转移的税收叫作让与税,让与税转移后,中央对地方的道路事业补助时,支付给补助金,即国库支出金。让与税可以运用于一般性的道路投资。国库支出金只针对个别补助项目,专款专用。日本汽车相关税收从中央到地方的分配过程如下:

挥发油税的 3/4 一旦经由一般账户转入道路建设特别账户,剩下的 1/4 直接进入道路建设特别账户,地方道路税全额直接进入交付税及让与税配付特别账户，自动车重量税收的1/3直接进入交付税及让与税配付特别账户，剩下的2/3经一般账户将其80%的资金转入道路建设特别账户，石油天然气税的1/2直接进入交付税及让与税配付特别账户，剩下的1/2经一般账户转入道路建设特别账户。

进入交付税及让与税配付特别账户的道路特定财源分配给各个地方政府，和国库支出金不同，是地方政府可以用于道路投资的一般性财源，不是针对某个具体的补助项目。

石油天然气税作为石油天然气让与税分配给都道府县及指定市，是道路特定财源。让与额的一半根据一般国道、都道府县道的延长分配，另外一半根据面积分配。

自动车重量税作为自动车重量让与税分配给市町村，成为道路特定财源。让与额的一半根据市町村道的延长分配，剩下的一半根据面积分配。

挥发油税的1/4直接进入道路建设特别账户，这是作为地方道路建设临时交付金分配给地方的，是对地方自主计划的道路建设项目进行一揽子交付的资金。

地方税（都道府县税）由都道府县自己征收，因此在都道府县之间的分配不存在问题，但是向指定市和市町村分配时有问题。柴油交易税全额算作都道府县及市町村的特定财源。自动车取得税的30%分配给都道府县及指定市，70%分配给市町村。

二、实行收费公路政策支持高等级公路发展

在日本，仅靠专项税收无法满足公路建设发展需要，特别在公路建设快速发展期尤其如此。1952年日本政府颁布《高等级公路建设特别法案》，决定针对国家高速公路及部分地方公路建立收费制度，作为筹集高等级公路建设资金的一种方式，主要用于弥补资金缺口、运营成本和偿还相关债务。

(一)道路公团建设管理收费公路

1952 年,日本政府颁布了《公路建设特别措施法》,允许利用财政资金和贷款修建道路,然后通过收费收入偿还贷款。收费公路发展初期,日本政府机构直接承担收费公路的建设任务,但由于项目的建设缺少整体规划和配合,收费公路的发展一度十分混乱。在日本道路委员会的建议下,1956 年 4 月,国有日本道路公团正式成立,全面负责收费公路发展计划的实施,原由交通省和各地政府管理的收费公路项目也同时移交给其管理。随着城市化进程的加快和交通需求的迅速增长,日本政府又成立了一些公团来承担城市快速路的建设,例如在 1959 年设立了首都高速道路公团、1962 年设立了阪神高速道路公团、1970 年设立本州四国联络桥公团等。各公团分工明确,日本道路公团主要负责建设和管理国家高速公路,首都高速道路公团和阪神高速道路公团主要负责位于东京和大阪大都会以及周边地区的城市高速公路,本州四国联络桥公团主要负责四国岛与本州之间的跨海通道。另外,各地还设立了一些地方公团,专门负责地方道路的建设和管理。

(二)公团所暴露出来的主要问题

由于缺乏有效的激励约束机制,道路公团存在的问题逐渐暴露:

(1)**经营决策受利益集团左右,无法保证经济上的合理性。**

由于公团建设高速公路的资金主要来源于中央政府的财政投资和贷款,无须地方政府和当地居民负担。长期以来,各地方政府和地方选举出的国会议员都把为本地争取到高速公路项目作为重要的取悦选民的资本。在这种政治压力下,高速公路建设规划一再扩大,许多新建路线因利用率低而无法实现收支平衡。而公团通过采用交叉补贴方式来实现高速公路网的扩张,即不考虑单独路段的造价和交通量的大小,而是在整个路网实行统一的收费标准,用收益较好路段的收入补贴收益较差的路段。其结果,是随着亏损路线的增多整个高速公路网的收费水平相应提高,使日本的高速公路通行费率居于全球最高水平(约合23美元/100km)。根据公团2004年公布的高速公路收支状况,运营中的43条线路中,收不抵支的有23条。

(2)**子公司及关联企业垄断高速公路相关业务,形成特殊的内部分肥机制。**

虽然公团受到有关法规的限制,不能随意设立子公司,名义上的子公司只有4家,但是公团利用其二级法人"道路厚生会"(员工的互助保险机构)设立了财团法人"道路设施协会",再通过道路设施协会出资控制着70余家子公司。这些子公司及关联企业被称为公团的"家族企业",垄断了高速公路的几乎全部相关业务,包括收取通行费、交通管理、维修、巡检、服务区的设施管理及商品销售等等。有专家估计,如果把公团的外包业务在市场上公开招标,至少可以降低成本30%。

(3)**经营效率低下及暗箱操作。**

由于上述的原因,公团在经营上无视经济上的合理性,不断借入财政投融资资金建设新的线路。同时,公团财务管理没有遵循企业的财务管理原则,导致缺乏成本意识。对子公司等关联企业的业务外包等也没有做到公开透明。所有这些,自然导致经营效率的低下。"道路四公团民营化委员会"在对公团的财务状况进行详细调查之后认为,公团已经到了按照企业正常经营的标准难以存续下去的地步。

(三)处理公路建设债务的主要措施

公团建设高速公路的资金绝大部分来源于政府投融资资金的贷款,小部分来自政府财政出资。公团的收费收入在扣除管理费等费用后划入还贷准备金,用于偿还贷款。政府还对公团提供补贴,主要用于利息水平较高时期贴补公团的利息负担。由于对公团缺乏有效的激励约束机制,导致投资规模一再膨胀而部分路段的利用率却很低,甚至出现亏损。同时,由于道路公团的特殊性质,在运营管理方面无视经济上的合理性。缺乏成本控制意识,必然导致运营效率低下。根据公团2003年6月发布的财务状况数据,截至

2003年3月底,公团的资产总额为343 112亿日元,负债总额为285 430亿日元,资本金为22 848亿日元。为有效处理高等级公路庞大的存量债务,提高运营管理效率,道路公团开启了民营化进程。

1. 道路公团的民营化

2004年6月2日,日本国会通过了《道路四公团民营化法》。根据该法规定,日本道路公团于2005年10月1日实现分割民营化,在原有道路公团拆分重组的基础上成立了六家新公司负责道路建设和管理的公司以及一家道路保有及债务偿还的机构。根据该法,对原有四大道路公团进行民营化改革,拆分为东日本、中日本和西日本三个高速公路股份有限公司,另外,首都高速、阪神高速、本州四国联络桥三家公团分别改组为同名的股份有限公司。随后,政府相应削减了财政投资贷款和政府担保债券的额度,提高了道路公团自主筹集资金的比重,旨在建立激励约束机制,保证资金运用效率。

公团的原有资产和债务由与新公司同时设立的独立行政法人"日本高速公路保有、债务偿还机构(JEHDRA)"继承。"道路保有、债务偿还机构"承接了原有四个道路公团总计40万亿日元的债务,并计划在45年内用道路租赁费偿还道路建设资金,最终实现免费开放高速公路的目标。该机构还将在高速公路免费开放以后对高速公路实施管理。

日本政府将持有高速公路公司至少1/3的股份(高速道路株式会社法第三条),重要的股权交易须经国土交通大臣批准,道路经营业务以外的业务只需向国土交通大臣备案。高速公路的所有权属于日本政府,由道路保有、债务偿还机构代表政府与高速公路公司签订收费道路事业经营协议,此协议经国土交通大臣批准后执行。收费道路以租赁形式交给高速公路公司经营,再建和新建的收费道路在建成后产权归机构所有,同时转交相关的债务。

高速公路公司与机构之间除了道路租赁关系以外,还存在着资金交易和一定程度的监督关系。高速公路公司能够得到日本政府的无息贷款或政府担保债券,但有义务降低经营成本并接受机构的督促。上述情况表明,日本高速公路公司并非国内所理解的民营企业,而是接受政府资金,并在政府干预下运营的企业。

公团民营化的特点及主要成果:从总体上看,日本高速公路民营化有如下特征:

(1)立法先行,即在正式实施改革之前用大量时间建立相对比较完善的法律体系;

(2)政府、机构和公司有明确的权利分工,政府的管制职能由国土交通大臣承担,与高速公路事业发展相关的具体事宜,包括资金注入、资产管理和对高速公路公司运营成本的监督则由独立行政法人承担,企业的经营权则在相关法律和协议中给予规定;

(3)债务关系明确清晰。

公团民营化改革取得了如下的主要成果:

(1)实现了通行费平均降低10%,而且通过废止预付优惠制度还可以再降低10%;

(2)实现了日本道路公团的拆分,总体上成立6家民营化企业;

(3)大幅度降低建设与管理成本,原计划要继续投入20万亿日元修建2 000km高速公路,变更为由民营化新公司投入7.5万亿日元修建1 300km;

(4)实现了45年以内还清债务的法定化,债务偿还的最长期限定为从2005年算起的45年。

2. 相关收费还贷措施

交叉补贴平衡收费费率。日本收费公路在发展初期,每条道路的收费费率均按照偿还道路造价的原则单独制定。1972年,日本开始对国家高速公路系统的收费收入进行交叉补贴,各城市高速公路在所在地区的范围内独立进行交叉补贴。采用该方式的合理性在于:通过交叉补贴方式,可以用收益较好路段的收入补贴收益较差的路段,以便扩大路网规模。

建设资金主要源于政府投资及贷款。日本道路公团建设收费公路的资金主要来源于政府财政投资和贷款,这种方式在当今世界是独一无二的。日本政府还向日本道路公团提供补贴。由于利息必须以收费收入偿还,而补贴则不需要偿还,因而政府会灵活地改变这两种资金来源的比例。当利率升高时,政府就增加补贴;当利率降低时,政府就在两者间进行平衡,从而使道路公团所负担的利息始终能保持在一个较合理的水平上。

还款后是否免费通行存在争议。日本有关收费公路的立法明确规定了偿还原则,并把它作为确定收费费率的主要考虑因素。偿还原则是一种造价完全补偿政策,要求用户承担高速公路的全部费用,包括建设费用、取得公路用地的费用、运营和养护以及融资的费用等,从而使收费公路发展对政府财政的依赖程度最小化。目前,日本要求收费公路在偿还全部建设费用后转变为免费公路,对是否应这样做日本各界一直存有较大的争议。主张收费到期后继续收费的主要基于以下原因:养护和运营费用需求是持续的,未来仍有加宽道路和改善环境的需求,从整个路网系统的服务需求来看,利用收费政策可以保持其高速畅通。为了最有效的使用有限的公路资源,收费可以实现调节交通流量,起到类似拥挤收费的作用。目前,日本政府通过延长国家高速公路网的偿还期,来减少收费费率的增长。偿还期从早期的 25 年到 30 年,逐步延长到了 40 年。

三、公路交通预算管理制度

日本的交通管理权限归属于国土交通省。国土交通省是由以前的建设省、运输省等多个部门整合而来,全面负责政府机关办公建筑、国家公路、铁路、航空、港口、大型水利设施、国家公园和部分公私住宅工程的管理。整合后加大了对交通的管理力度。由于日本中央财政资金有限,政府采取税收减免、给予轨道沿线的土地开发权等优惠政策吸引私人资本投资交通基础设施建设。

日本各种交通方式的财政资金以“使用者负担”为原则筹集,管理不同交通方式的政府机构建立了各种财政制度。中央对不同地方的政策基本一致,但是各个地方的需求不一。因此,地方政府分别针对自身需求建立了自己的专项财政政策。

日本是当今世界拥有最先进综合交通系统的国家之一。日本的交通建设资金来源于中央资金、地方资金及财政投融资资金三部分。中央资金和地方资金基本上由特定财源和一般财源组成。财投资金本质上是财政投资贷款,以邮政储蓄和养老金为主,需还本付息。

按照财政法的规定,日本现行的财政预算资金的基本形态分为两种:

(1)一般会计预算资金。作为一般会计支出的国家资金,最主要用于产业经济(包括农林水产、商工矿业、运输通信业)和国土保全与开发等所需的费用。这是为了保护和发展产业基础的政府投资,在国民经济发展中占有重要地位。

(2)特别会计预算资金。在日本政府的特别会计中大致分为五类:即:管理事业的特别会计、管理特定物资与资金的特别会计、进行投资贷款的特别会计、经营保险事业的特别会计和管理资金的特别会计。其中,前三类对政府投资的影响尤为重要。因为,在这几类特别会计中,分别包括了公共设施、港湾建设、机场建设、道路建设、治水、国立学校、国立医院、产业投资以及城市开发等专项特别会计项目。各类特别会计的资金,一般是以日本开发银行和日本进出口银行贷款的形式提供的。

地方财政预算资金包括 47 个都道府县和下属的 3 000 多个市町村级的政府预算。国家财政收入是国家各项开支包括基础设施建设资金的主要财源。建设公债作为政府的特定财源,主要用于基础设施的建设。特例公债作为政府的一般财源,主要是弥补预算赤字。在日本,国家和地方财政收入是各级政府支出的一般财源,而且,财政收入中的各种“目的税”,各项建设公债和地方债以及中央下拨给地方的地方让与税、国库支出金、都道府县支出金、受益者负担金等作为特定财源,是各项基础设施建设的专项资金。这些资金通过政府的特别会计,要求做到专款专用,从而可以保证各级政府拥有必要的基础设施建设资金。

(一)日本交通预算的编制

1.报预算

日本的财政年度始于每年4月1日,预算编制程序开始于上一年度的夏天。首先,国土交通省按照财务省要求于8月底前向财务省提交部门预算请求。约在提出请求的前一个月,内阁依据前一财政年度对本年度经济增长进行估计,在此基础上通过"预算请求指导"。按照预算请求指导,每个部门的支出被分成不同的类别,如经常性支出和投资性支出,并根据这两类支出规定统一的上限。国土交通省必须在预算请求指导规定的限额内提出自己的预算请求,在提交请求之前,需自觉将不同种类的支出排出先后次序。

2.等待财务省预算局对其请求审议,内阁通过预算法草案

12月末前,内阁发布"预算编制总原则",根据该原则,财务省完成预算草案的编制并将其送回国土交通省。约一周以后,国土交通省和财务省对预算草案进行协商。协商之后,预算草案最终形成,一般在12月末获得内阁的批准。

3.议会的预算审议

内阁通常在1月中下旬向国会提交预算草案。根据日本宪法,众议院对预算草案有优先审议权,而在众议院先议的是众议院预算委员会。一般来讲,国土交通省的预算案在年初国会上就要提交众议院预算委员会先行审议,以2010年度预算审查为例,各部门预算案是在2010年2月5日提交到众议院预算委员会(包括年度一般会计预算、特别会计预算、政府关联单位预算)。首先听取财务大臣关于预算编制情况的报告,然后开始审议和询问。

(二)日本交通预算的执行

1.对预算进度的管理

国土交通省事务次官每年年初都会发通知,目的是防止年末集中执行,

突击花钱。国土交通省每年制定国土交通省预算执行计划,目的是对预算执行的合理性、透明性、效率性进行评价和监督。

同时,国土交通省对支出计划的进度进行严格管理,对每月的执行情况、预算年度上半期(4~9月)的执行情况及预算年度结束后的评价进行综合管理。对于每个阶段的预算执行情况,国土交通省内各部局对支出计划的对象经费的执行情况,按照预算监督及效率推进小组规定的格式按规定时间提交给预算监督及效率推进小组,该小组将各部局的报告整理后公开在国土交通省的网站。

2. 事前审查

事前审查的对象是公共事业、补助金、政府采购。对于公共事业的选取是否客观、合理,在分配之前进行审查。不得已的情况下,可事后报告。

对于选定的补助金的获得者是否合适,是否选取了补助金能发挥效果的项目等,其选定标准和交付对象需要提前审查。不得已的情况下,可事后报告。

3. 重要采购

在采购重要的物品或劳务时,对是否选用了合理的合同方式,参加条件、评价方法是否能确保透明性和竞争性,需要提前对缔约方进行审查。但在执行紧急、不得已的情况下可事后报告,代替事前审查。

(三)预算执行情况的公开

1. 预算支出情况的公开

预算监督及效率推进小组将每月所管的组织、项级、目级(日本预算收支科目顺序:部、款、项、目)的支出情况按季度公开在国土交通省网站。

2. 政府采购信息的公开

根据《关于公共采购的合理性(2006年8月25日财计第2017号)》,区分竞争中标和随意签约,区分公共工程、物品等、劳务提供的类别,原则上关于签约的所有信息都要公开在国土交通省的网站。

3. 与公共事业有关的信息公开

每年预算敲定后,1 月底以前,将直管事业项目按照预算监督及效率推进小组规定的样式提交,内容包含实施都道府县名称、项目名称、全部项目费用、其他设施费等。这些信息都会公布在国土交通省网站。

对直管的事业,承担实施计划后,需按预算监督及效率推进小组规定的样式提交实施都道府县名称、项目名称、全部项目费用、其他设施费、该年度事业费、上年度事业项目延续至该年但和上年公布的内容有不一致的地方,其变更理、内容等需公布在国土交通省网站。

4. 与补助金有关的信息公开

每季度结束 45 日内按照预算监督及效率推进小组规定的样式提交补助金的交付决定,内容包括事业名称、补助金交付对象、交付额、支出会计类别(一般会计还是特别会计)、支出科目、交付日期等信息,并公布于国土交通省网站。

5. 其他支出的信息公开

主要包括委托调查费和打车费等。

(四)接受国民意见

通过国土交通省的热线电话,征求国民关于预算执行的意见。各部局将国民向热线提供的关于预算执行的意见、对策等报告给预算监督及效率推进小组,该小组挑选重要的内容报给国土交通省预算监督及效率化团队。团队认为有必要时,要求各部局研究改善措施。各部局研究后需将改善措施汇报给国土交通省预算监督及效率化团队。

(五)提高职员参与预算执行效率化的意识

对从事预算执行的工作人员,利用各种会议、研讨等机会,提高合理、透明执行预算的意识,提高执行预算的效率。

参考文献

[1] M. 弗里德曼,薛进军. 论平衡预算问题[J]. 国外社会科学,1983(07).

[2] Mark C. Christie,罗凤鸣. 宪政体制下的美国经济管制[J]. 研究生法学,2008(03).

[3] 岑晏青,周伟. 我国公路建设任重道远——美国公路发展历程给我们的启示[J]. 交通世界,2003(04).

[4] 陈宝森. 从预算赤字到预算平衡——评美国财政政策的历史变革[J]. 中国财政,1998(06).

[5] 陈虹. 日本国铁的股份公司制改革[J]. 日本学刊,1994(05).

[6] 陈虎林,杨涛. 公路基本建设投融资方式研究[J]. 交通企业管理,2007(08).

[7] 陈志英. 预算编制模式研究[J]. 北京社会科学,2012(05).

[8] 崔礼兵. 美国能消除赤字吗?——共和党的平衡预算立法评析[J]. 国际展望,1995(12).

[9] 董欢欢. 论美国国会预算监督的经验及其借鉴[J]. 现代商贸工业,2010(15).

[10] 冯洁琼,高鹏. 浅析美国宪法对美国经济的推动作用[J]. 商场现代化,2012(07).

[11] 冯举. 西方国家平衡预算和赤字预算简介[J]. 四川财政,1994(09).

[12] 顾栋. 美国国会预算监督制度的特色与启示[J]. 中外企业家,2013(08).

[13] 顾时光. 发达国家高速公路的建设历程与经验[J]. 辽宁交通科技,1997(01).

[14] 黄裕婕. 日本高速公路建设的历史和现状[J]. 国外公路,1999(03).

[15] 江辉. 高速公路建设项目资产证券化融资研究[D]. 浙江大学,2007.

[16] 姜振成,顾静言. 日本高速公路收费办法[J]. 交通企业管理,1998(08).

[17] 金正富. 公路建设资金筹措的方法与途径[J]. 西安公路交通大学学报,1994(02).

[18] 李华,王娟娟.美国宪法中的“贸易条款”[J].郑州航空工业管理学院学报,2001(02).

[19] 李文君.我国公路上市公司债券融资研究[D].长安大学,2008.

[20] 李扬.欧美发达国家高速公路建设和管理的启示[J].交通世界,2004(07).

[21] 李一花.通货紧缩下预算政策的选择——对西方国家预算政策演变的分析及对我国的借鉴意义[J].贵州财经学院学报,2001(02).

[22] 李永柱.美国的财政法律体系探视[J].辽宁财税,2002(03).

[23] 李玉华.高速公路企业充分利用债券融资优势探讨[J].湖南交通科技,2011(02).

[24] 李志平.公路建设中收费还贷方式存在的问题及其对策研究[D].长沙理工大学,2006.

[25] 李忠奎.国外高速公路纵横谈[J].交通世界,1996(01).

[26] 梁少婷.美国地方财政部门预算编制——对乔治王子县预算编制的研究及对广东省的启示[J].财政研究,2006(01).

[27] 林家彬.日本的特殊法人改革——日本道路公团的案例解析[J].经济社会体制比较,2008(03).

[28] 刘光诚.日本建设高速公路的社会与经济效益[J].中外公路,1992(02).

[29] 刘慧敏,盛昭瀚,曹启龙.发达国家高速公路投融资体制改革分析与借鉴[J].现代经济探讨,2014(12).

[30] 刘俊谦,马东强.浅谈美国高等级公路的运营和建设[J].山西交通科技,1995(02).

[31] 刘凌.公路建设投融资问题研究[D].长安大学,1999.

[32] 刘文玉.日本高速公路倒塌的启示[J].内蒙古公路与运输,1995(01).

[33] 刘轩.试论日本国有铁路民营化原因[J].日本学论坛,2000(01).

[34] 柳长立.美国公路运输发展新走向[J].建设机械技术与管理,2001(01).

[35] 路成章.经营性高速公路的回报点[J].经济与信息,1999(10).

[36] 罗仁坚.公路直接融资策略[J].科学决策,1998(02).

[37] 罗仁坚.新形势下公路资金来源探寻[J].综合运输,1998(06).

[38] 毛晖,沈慧婷. 预算编制模式的国际比较与借鉴[J]. 行政事业资产与财务,2010(01).

[39] 美国的预算管理制度,http://www.mof.gov.cn/pub/yusuansi/zhengwuxinxi/guojijiejian/200810/t20081014_81947.html.

[40] 财政部条法司. 美国预算法律制度考察报告[R],2010 年 10 月.

[41] 米川. 日本高速公路的停车服务设施[J]. 建筑学报,2002(07).

[42] 米建国. 日本公路建设的经济效益[J]. 现代日本经济,1989(06).

[43] 南品仁. 高等级公路投融资体制的几点建议[J]. 现代商业,2008(12).

[44] 聂育仁,邱尊社. 国外典型公路建设投融资体制及启示[J]. 市场研究,2009(01).

[45] 聂育仁. 发达国家公路建设资金的来源有哪些[J]. 国际融资,2009(01).

[46] 彭健,叶龙. 中西预算编制模式的比较研究[J]. 预算管理与会计,2003(04).

[47] 彭礼寿. 美国国会的预算监督制度及其借鉴[J]. 财政监督,2006(09).

[48] 曲岩. 美国联邦政府预算编制及启示[J]. 经济论坛,2005(07).

[49] 财政部条法司. 日本财政预算制度[R]. 日本财税关联立法研修班(第三期)研修报告之二.

[50] 尚留占. 国外高速公路的发展及投资政策[J]. 公路运输文摘,2001(01).

[51] 石友服. 日本的高速公路[J]. 公路运输文摘,2001(05).

[52] 舒超. 充分利用资本市场发展高速公路建设[J]. 交通财会,2000(01).

[53] 宋敬革. 西方国家的预算管理与启示[J]. 吉林财税,2003(10).

[54] 宋胜,荣朝和. 日本的特殊法人制度和铁路改革新动向[J]. 中国铁道科学,2003(05).

[55] 宋伟岭. 美国国会预算监督权与我国人大预算监督权之比较[J]. 黑龙江对外经贸,2009(02).

[56] 谭诗樵,曹川. 股份制与高速公路[J]. 交通财会,1999(01).

[57] 王国锋. 发展高速公路资金筹集渠道及方法[J]. 交通企业管理,1998(06).

[58] 王海洋. 国外收费公路政策动态与经验借鉴[J]. 综合运输,2014(12).

[59] 王晶.基于公共物品提供理论的美国公路投融资体制研究[J].北京交通大学,2011(09).

[60] 王强,叶姗.政府理财观的抉择:“量入为出”与“以支定收”——源于美国1985年《平衡预算和紧急赤字控制法》第252条之启示[J].法学杂志,2006(02).

[61] 王淑杰.论我国政府预算制度的完善——兼论美国现代政府预算制度[J].中央财经大学学报,2010(12).

[62] 王淑杰.美国联邦预算组织设置及其借鉴[J].地方财政研究,2007(02).

[63] 王淑杰.美国国会预算监督制度的特点[J].中国财政,2010(21).

[64] 王治中.看完日本公路后对我国公路建设的几点想法[J].公路,1981(04).

[65] 吴新华.建立高速公路与普通公路统筹发展新机制——日本公路投融资体制对我国的借鉴[J].交通财会,2009(09).

[66] 肖鹏.美国联邦预算管理法律体系演变与启示[J].财贸研究,2009(06).

[67] 萧赓.关于公路经济属性问题的若干思考——浅谈公路在公共财政和国有资产管理体制改革中定位的基础理论[J].公路,2003(S1).

[68] 邢敏.公路收费模式研究[D].长安大学,2007.

[69] 徐以群,庄芸蕾.美国公路建设投融资体制的发展趋势及启示[J].交通标准化,2010(02).

[70] 杨国才.战后美国赤字财政政策的运用及启示[J].经济问题探索,2000(10).

[71] 杨建平.美国联邦公路信托基金的理念及挑战[J].中国公路,2014(11).

[72] 杨文韬,寿真.天量赤字:美国复苏路上的难题[J].资本市场,2009(10).

[73] 殷石.主要国家的财政收支构成和国民收入使用构成[J].世界经济,1980(01).

[74] 应巧蓓.公共事业民营化:意义与问题[D].浙江大学,2004.

[75] 俞慰刚.高速公路民营化与日本政治[J].上海城市管理职业技术学院学报,2003(05).

[76] 詹姆斯·L·陈,白彦锋.论美国重大的联邦预算法[J].经济社会体制比

较,2008(01).

[77] 张凡安.从费改税谈公路建设养护资金[J].山东交通科技,1999(01).

[78] 张甲雄.日本交通建设的资金筹措[J].现代日本经济,1994(05).

[79] 张进铭.论《美国宪法》和建立联邦政府对美国长期经济发展的影响[C].南昌:江西财经大学学报,2005(05).

[80] 张晓明.我国人大预算监督制度存在问题及完善对策——借鉴美国国会预算监督制度的经验[J].人大研究,2009(08).

[81] 张耀红.公路建设资金筹措与"费改税"[J].山西交通科技,2001(05).

[82] 张跃民.学习借鉴德国、日本经验探讨我国公路筹融资办法[J].交通财会,1997(09).

[83] 张云.美国公路资金来源研究[J].科技创新与应用,2012(07).

[84] 赵放.围绕政府职能与市场效率的争论——日本道路公团民营化改革评析[J].长白学刊,2004(04).

[85] 周超.经营性高速公路建设项目私募债券融资方式研究[D].长沙理工大学,2013.

[86] 周军华,杨红伟.论美国国会预算权的运作过程及功能[J].安徽大学学报,2006(02).

[87] 朱青.美国政府预算政策演变及其对我们的启示[J].涉外税务,1999(07).

[88] 朱艳艳,李秀敏.日本国铁改革的过程及其发展现状[J].日本学论坛,2006(04).

[89] 祝向军.高速公路公司股份化经营管理研究[D].武汉理工大学,2007.